発達障害を考える ❀ 心をつなぐ

CD-ROM付き

特別支援教育をサポートする
ソーシャルスキルトレーニング(SST)
実践教材集

監修　東京学芸大学名誉教授
　　　学校法人旭出学園理事長
　　　上野 一彦

編著　北海道大学教育学研究院附属
　　　子ども発達臨床研究センター准教授
　　　岡田 智

著者　東京都あきる野市立増戸小学校
　　　通級指導学級主幹教諭
　　　中村 敏秀

　　　東京都狛江市立緑野小学校
　　　通級指導学級主任教諭
　　　森村 美和子

　　　神奈川県横浜市立左近山小学校
　　　通級指導教室教諭
　　　岡田 克己

　　　北海道札幌市立南月寒小学校
　　　通級指導教室教諭
　　　山下 公司

ナツメ社

ソーシャルスキルトレーニング

集団生活や人とのコミュニケーションにおいて、必要なスキルが年齢相応に備わらず、社会生活でつまずいてしまう子どもがいます。そうした子ども1人ひとりの特性をふまえながら、ソーシャルスキルを指導していくことで、適切な行動や上手な人とのかかわりが身につき、社会生活をスムーズに送ることができるようになります。

ソーシャルスキルとは？

集団行動をとったり、人間関係を構築したりするうえで必要な技能のことです。具体的には、授業や集団活動に上手に参加したり（学習態勢）、友だちや大人と円滑(えんかつ)にコミュニケーションをとったり（コミュニケーション）、友だちをつくり関係を維持したりすること（仲間関係）などを指します。

ソーシャルスキルトレーニング（Social Skills Training）とは？

ソーシャルスキルは、家庭や学校生活における大人との関係のなかで、また、子どもどうしの関係のなかで育っていくものです。

しかし、発達障害などの困難をもっている子どもたちは、年齢相応のスキルが身につきにくく、学校や家庭、地域社会でうまく自己発揮できないことがあります。そうした子どもたちを対象に、教育現場や相談・医療現場では、教師や心理士などの支援者がソーシャルスキルを身につけるための指導を行っています。

ソーシャルスキル指導のポイント❶

子どもの特性を見極める

ソーシャルスキルの指導内容・指導方法は、子どもに応じて異なります。指導をはじめる前に、子どもの認知特性・障害特性をよく理解し、個に応じた支援方法やプログラムを展開する必要があります。

特性を見極めるポイントは？

ソーシャルスキルの困難に関係する障害特性は、「知的能力」「言語能力」「不注意・衝動性」「社会性（ジョイントアテンション・心の理論）」「こだわり・切り替え」「情緒の不安定」の6つが代表的です。どういった苦手なことがあるのかを見極めることが、よりよい指導・支援につながります。

ソーシャルスキル指導のポイント❷

必要なソーシャルスキルを見極める

　子どもが社会生活を送るうえで必要とするソーシャルスキルには、さまざまな種類があります。本書では、個々のスキルを「主なねらい」にもとづいて5領域に大別しています。1人ひとりの子どもに合ったスキルに着目し、指導の重点を置くようにします。

ソーシャルスキルの分類

領域	スキル
学習態勢	着席する、見る、聞く、発言する、待つ、並ぶ、移動する、指示やルールを理解する、指示やルールに沿う など
コミュニケーション	あいさつ・返事・お礼・謝罪・依頼などのやりとり、気持ちや考えを表現する、相互性のあるやりとり、報告・連絡・相談する、上手に話し合う、会話、視線やジェスチャーなどの理解と活用 など
仲間関係	仲間意識、所属感、仲間にかかわる、協調的に遊ぶ、相手に注目する、他者に配慮する、友人関係の形成と維持 など
情緒・自己	感情の認識、感情のコントロール、情緒の安定、信頼関係の構築、自尊感情を高める、得意・不得意の自己理解、課題の自己理解 など
生活	身だしなみ、衛生管理、持ち物管理、整理整頓、時間・スケジュール管理、家庭での手伝い など

必要なスキルを見極めるポイントは？

　それぞれの子どもにより、必要とするスキルは異なります。「何が苦手なのか？」という視点だけではなく、「どのスキルがあれば人間関係や社会生活が楽しく送れるのか？」という視点で、優先順位をつけて指導するスキルを選んでいきます。通級やクリニック、相談室などでの指導は、週に数時間（または月に数時間）と限られた時間になるため、あれもこれも指導ターゲットにはせず、❶子どもの生活場面に必要であり、❷達成しやすく成功体験になりやすいものを、❸1～4個程度に絞って設定するとよいでしょう。

ソーシャルスキル指導のポイント❸

基本テクニックを組み合わせる

　ソーシャルスキル指導の基本テクニックには、ことばで直接的に教える「**教示**」、手本を示して学ばせる「**モデリング**」、その方法を実践してみる「**リハーサル**」、実践の結果を振り返る「**フィードバック**」、指導場面以外でも応用させる「**般化**」があります。これらのテクニックを組み合わせて指導を行います。

ソーシャルスキル指導の基本テクニック

教示	ことばや絵カードなどを用いて直接教える
モデリング	手本を示し、それを見せて学ばせる
リハーサル	模擬場面などで実際にやってみる（ロールプレイングなど）
フィードバック	行動を振り返り、ほめたり修正を求めたりする
般化	親やほかの指導者と連携をとる、宿題を出すなど指導場面以外でも実践する

グループ指導のメリットは？

　小集団でソーシャルスキルを指導するメリットは、実際の人間関係のなかで子どもたちがスキルを実践できるという点にあります。

　また、感じ方やつまずき方が似ている仲間との関係性がつくられていくと、自己理解や自己受容感も育っていきます。通常の大きな学級集団では、そうした経験が得にくいこともあるので、特別な小集団場面を設定することには、とても大きな意義があります P.24 。

子どもの特性を踏まえた指導のポイント❶

知的能力の困難
▶知的障害やボーダーライン知能

　知的に遅れのある子どもは、理解力や判断力、言語能力に弱さがあるため、集団行動や人間関係において、状況を把握したり、自分の考えをまとめて話したりすることが苦手な場合があります。こうした子どもには、より具体的にわかりやすく指導すること、達成可能な目標を設定すること、教科学習だけではなく生活面など社会自立を念頭に入れた教育課題を設定することなどに配慮します。

より具体的にわかりやすく指導する

日常生活にあるもの、多感覚教材の使用も重要

子どもが達成可能な目標を設定する

社会自立を念頭に置いた教育課題の設定

子どもの特性を踏まえた指導のポイント❷

言語能力の困難や認知の偏り
▶LD（学習障害）や言語発達の遅れ

　LDのある子どもは、**聞く、話す、読む、書く、計算する、推論する**などのうち、部分的に苦手な分野があり、学習面でつまずきが生じます。学習面のつまずきから、集団参加や人間関係の面で自信を喪失していたり、言語表現力の弱さから友だちと上手にコミュニケーションが取れなかったりします。認知の偏り（凸凹）からくる苦手さに配慮しつつ、自己表現や集団参加について自信を持てるようなスキル指導も行っていきます。

自己効力感（「できそうだ」という気持ち）を持たせる

苦手なことの負担を減らす

ほかの困難との併存に配慮する

LDとADHD、自閉症スペクトラム障害（ASD）、ボーダーライン知能は併存しやすく、困難が重複しやすい

子どもの特性を踏まえた指導のポイント❸

不注意・衝動性の困難
▶ＡＤＨＤ（注意欠陥／多動性障害）
エーディーエイチディー ちゅうい けっかん　た どうせい

　ＡＤＨＤのある子どもは、不注意、多動性、衝動性があるために、ミスや不適応行動を起こしやすく、問題児扱いされやすい傾向があります。刺激を減らして集中しやすい環境を整える、物事がうまくできたり、がんばったときに肯定的な評価をたくさんする、してよいこと・してはいけないことを明確にして前もって伝える、気分が高揚(こうよう)しやすい子どもにはクールダウンできる場所を用意するなどの配慮が必要です。

刺激を減らし集中しやすい環境を整える

肯定的な評価をする
怒られてばかり、失敗してばかりになりがちなので、うまくやれているときをたくさん見つけ、ピンポイントでほめ、適切な行動への意識をつける

してよいこと・してはいけないことを前もって伝える

クールダウンできる場所を確保する

子どもの特性を踏まえた指導のポイント❹

社会性（ジョイントアテンション・心の理論）の困難
▶ＡＳＤ（自閉症スペクトラム障害）❶

　自閉症スペクトラム障害（ＡＳＤ）のある子どもは、相手と注意を共有できなかったり（ジョイントアテンションの困難）、他者の気持ちを察することができなかったり（心の理論の困難）します。場の状況を誤解せず、適切に理解できるように、大人は交通整理を行うようなかかわりが大切です。

浅くても、狭くても、安定した人間関係をつくれるように援助する

同じようなペースの子どもたちとの仲間関係はとても重要!!

ルールを具体的に教える

他者の視点や気持ちを解説し、一緒に考える

視覚化・構造化をする

何をどうすればよいのか、わかりやすく目に見える形で、環境や課題を整える

9

子どもの特性を踏まえた指導のポイント❺

こだわり・切り替えの困難

▶ASD（エーエスディー）（自閉症スペクトラム障害）❷

自閉症スペクトラム障害（ＡＳＤ）のある子どもは、こだわりやすかったり、考え方や感じ方に柔軟性がなかったりします。変化が苦手なので、見通しを持たせたり、パターンやスケジュールを大切にしたりして、安心して行動できるようにします。また、特有のこだわりや感覚過敏には、ある一定の理解を示しつつ、子どもが集団生活を過ごしやすいように配慮していくことも望まれます。

感覚過敏への配慮

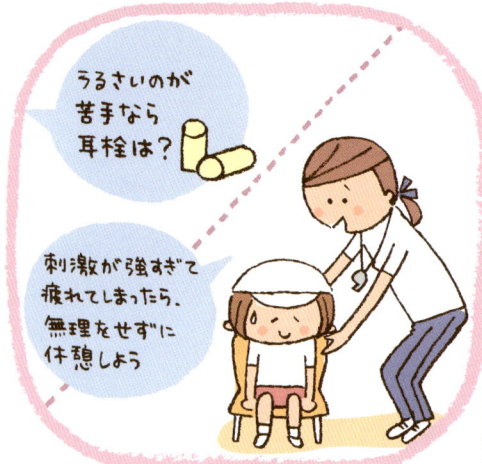

見通しを持たせる

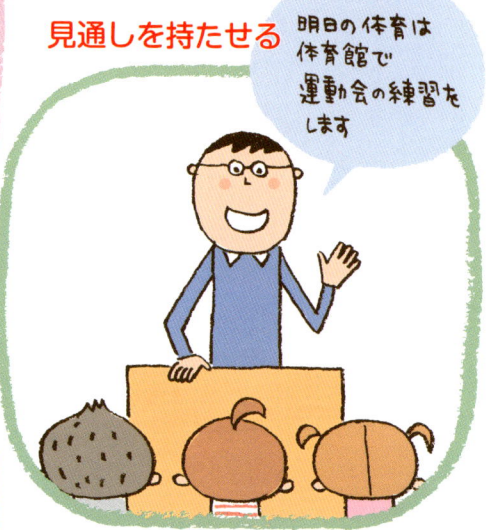

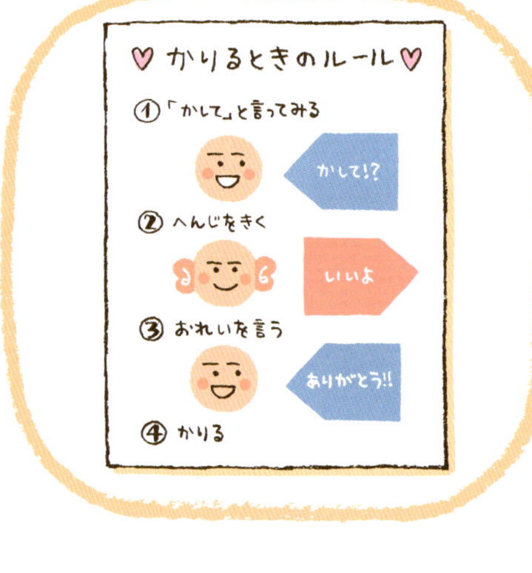

パターンやスケジュールを大切にする

慣れてきたら、パターンが崩れたときの対処法も、パターンで教えていく

子どもの特性を踏まえた指導のポイント❻

情緒の不安定

▶いじめられ体験、愛着形成の問題、不適切な養育など

ひどい、いじめられ体験があったり、養育者との愛着形成に支障があったり、幼いころから叱責を受け続けてきたりする子どもの場合、発達障害と似た不適応行動がみられることがあり、集団行動や人間関係につまずきやすくなります。こうした子どもたちに対しては、ソーシャルスキル指導だけでなく、医療面、心理面のケアも必要になります。

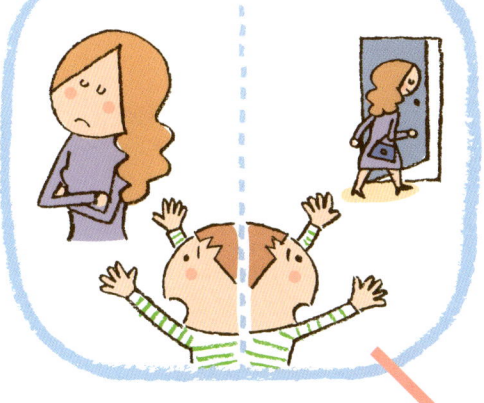

愛着の問題や不適切な養育環境のケース

長期にわたるいじめられ体験や叱責を受けたケース

発達障害と似た特性がみられるため判別が重要

発達障害
（LD、ADHD、ASDなど）

集団参加や人間関係がうまくいっていない場合、ソーシャルスキル指導が有効

情緒障害
（過度の不安・緊張、愛着障害、暴れ、自傷・他害など）

個別的支援や安心できるような集団活動を。医療・福祉によるケアや支援が不可欠

CD-ROM 活動資料の使い方

付属CD-ROMには、本書で紹介している活動の資料が、PDF形式とWord形式で収録されています。子どもの実態に合わせて、資料を拡大したり、テキストを修正して使用することができます。

操作方法 Windowsの場合

CD-ROMをドライブにセットすると「自動再生」ウインドウが表示されます。「SST活動資料.exe の実行」をクリックすると、アプリケーションが起動します。

＊アイコンなどの表示は、パソコンの環境により異なる場合があります。

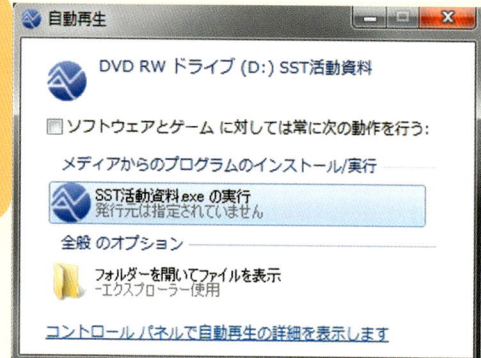

「自動再生」ウインドウが表示されないときは？

❶「コンピューター」⇨「DVD/RW ドライブ：SST活動資料」アイコンを右クリックします。
❷「自動再生を開く」を選択し、クリックすると「自動再生」ウインドウが表示されます。

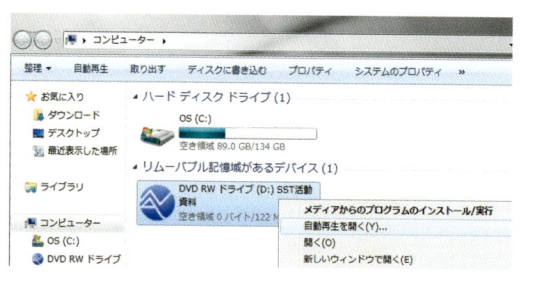

Macをお使いの方へ

付属CD-ROM内のアプリケーション「SST活動資料」は、お使いいただけませんが、CD-ROMに収録されている教材については、ご使用が可能です。
15、16ページをご参照の上、必要な教材をご活用ください。

SST活動資料トップ画面

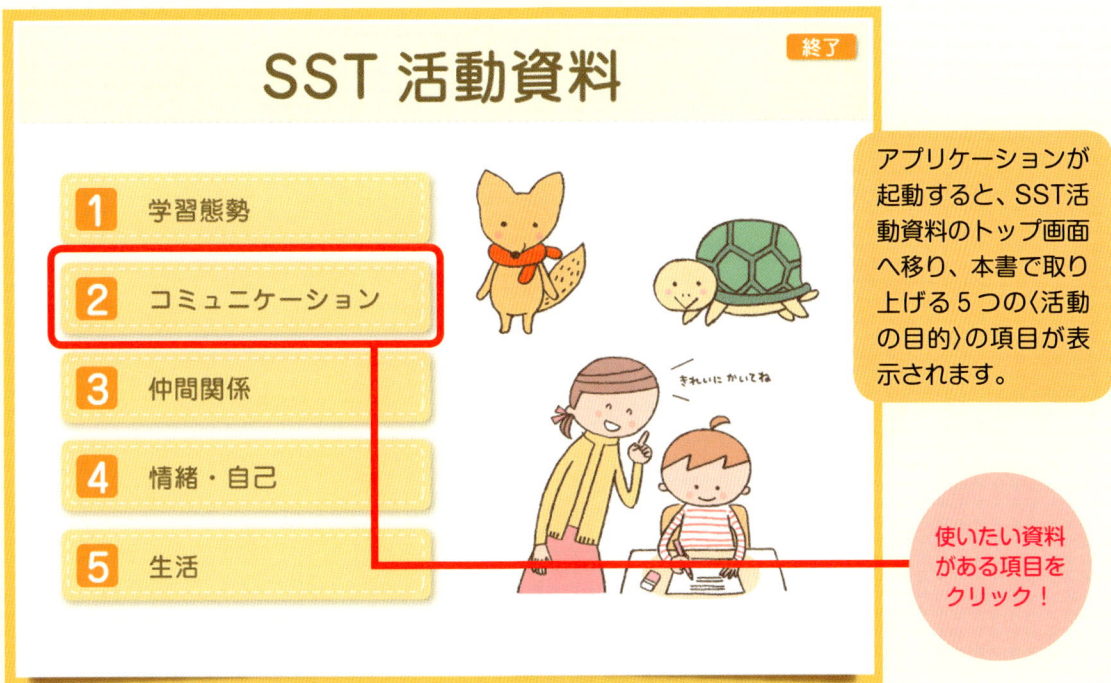

アプリケーションが起動すると、SST活動資料のトップ画面へ移り、本書で取り上げる5つの〈活動の目的〉の項目が表示されます。

使いたい資料がある項目をクリック！

活動資料一覧画面

SST活動資料1〜5のいずれかの項目を選択すると、項目別の活動資料一覧画面が表示されます。一覧から、使用したい資料を選択します。

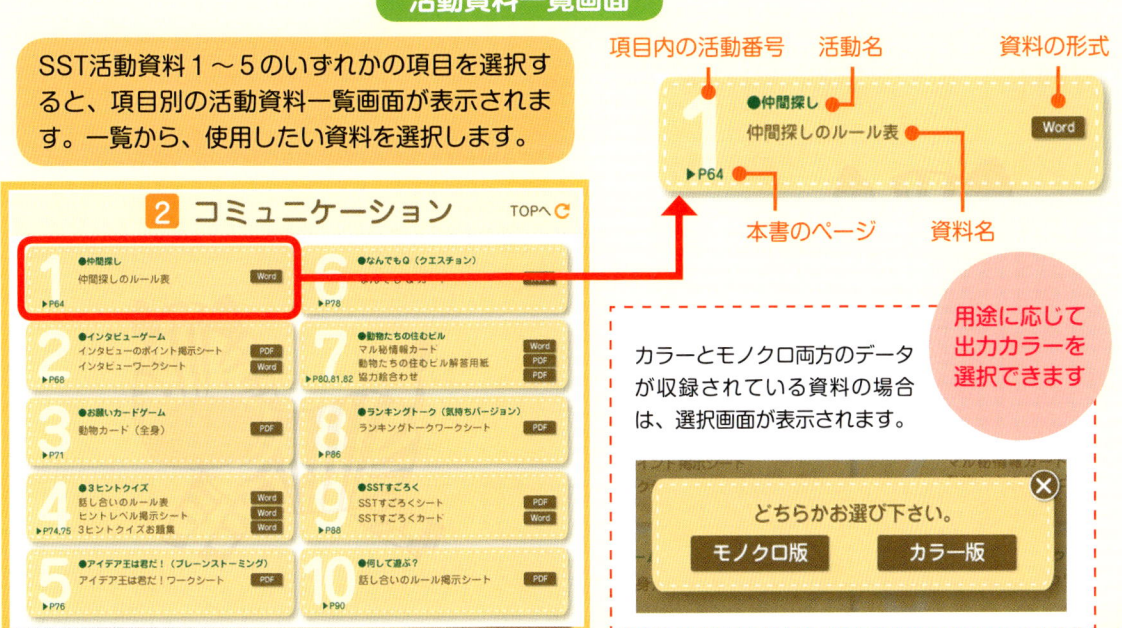

カラーとモノクロ両方のデータが収録されている資料の場合は、選択画面が表示されます。

用途に応じて出力カラーを選択できます

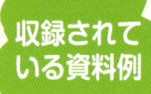
収録されている資料例

PDF形式の資料

活動の内容や子どもの実態に合わせて、資料を拡大・縮小するなど、子どもが活用しやすくなるように工夫して使用することができます。

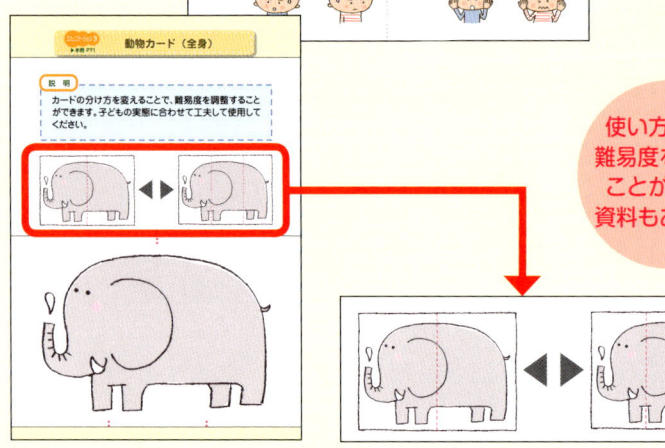

使い方により難易度を変えることができる資料もあります

Word形式の資料

資料により、テキストを一部編集することもできます。子どもの実態に合わせて問題を編集し、難易度を変えるなど工夫して使用することができます。

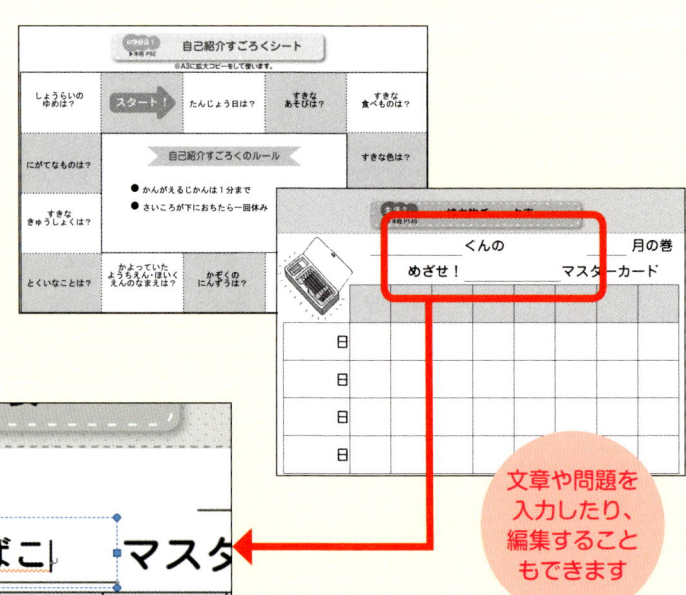

文章や問題を入力したり、編集することもできます

＊資料を編集する際は、使用するファイルのみをデスクトップにコピーするか、名前を付けて保存してください。
＊パソコンの環境によっては、プレビュー表示やレイアウトが崩れる場合があります。あらかじめご了承ください。
＊パソコンによって、プリンタの設定が異なる場合があります。詳しい設定方法については、プリンタの説明書でご確認ください。

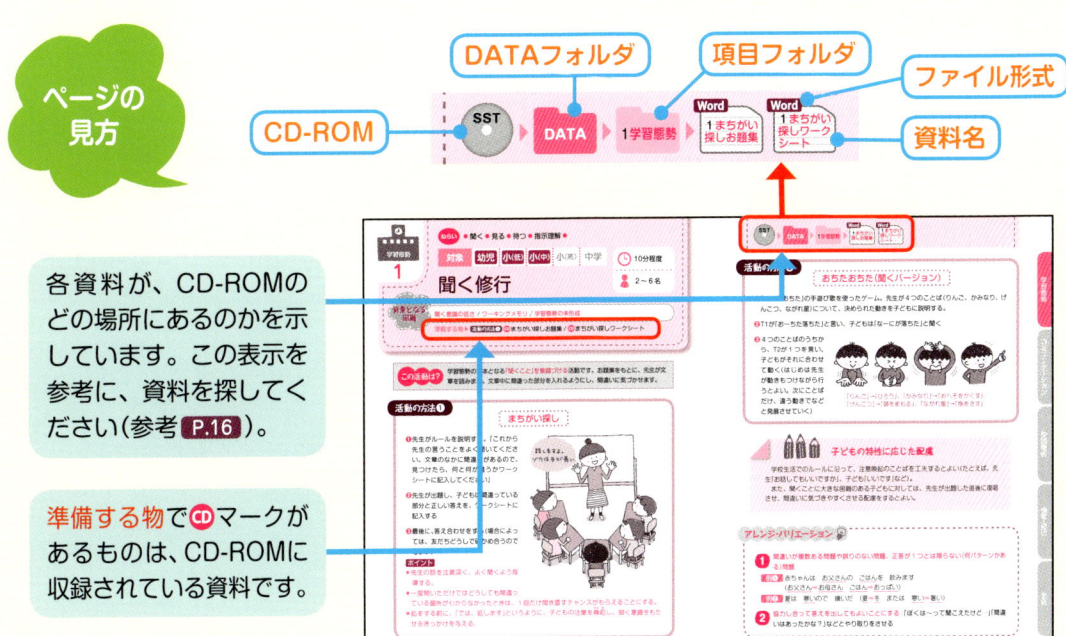

ページの見方

各資料が、CD-ROMのどの場所にあるのかを示しています。この表示を参考に、資料を探してください（参考 P.16 ）。

準備する物で マークがあるものは、CD-ROMに収録されている資料です。

⚠ **ご使用上の注意**　付属のCD-ROMをご使用する前に、必ずお読みください。

■**CD-ROMの動作環境について**
　Windows　　OS：Windows11 / Windows10 / Windows8 / Windows7

■**ファイルの閲覧について**
　Word　：ファイルをご覧いただくには、マイクロソフト社のMicrosoft Wordが必要です。
　PDF　 ：ファイルをご覧いただくには、アドビシステムズ社のAdobe ReaderまたはAdobe Acrobatが必要です。お持ちでない方は、アドビシステムズ社の公式ウェブサイトより、Adobe Readerをダウンロードしてください。

●付属のCD-ROMは、上記のOSがインストールされているパソコンに対応しています。
●CD-ROMをご使用になるためには、パソコンにCD-ROMドライブ、またはCD-ROMを読み込めるDVD-ROMドライブが装備されている必要があります。
●収録されているデータは、ご購入された個人または法人が、私的利用（非営利目的）であればご自由にお使いいただけます。ただし、営利目的、広告、登録商標、インターネットのホームページなどでの使用はできません。
●収録されているデータは、無断で複製、頒布、販売、貸与することはできません。
●収録されているデータの著作権は、すべてナツメ社および著作権者に帰属します。
●このディスクはCD-ROMです。オーディオプレーヤーでの再生は絶対にしないでください。
●ディスクに傷やよごれが付くと、再生・読み取りできなくなる場合もありますので、取り扱いには十分ご注意ください。
●収録されているデータのサポートは行っておりません。
●CD-ROMのご使用により生じた損害、障害、その他いかなる事態にも、弊社および作成者は一切の責任を負いません。
●Adobe Reader、Microsoft Word / Windowsその他の本文中に記載されている製品名、会社名は、すべて関係各社の商標または登録商標です。本書では、™ ® © の表示を省略しています。

CD-ROMの構成

CD-ROMには、本書の〈活動の目的〉に合わせた5つの項目フォルダがあり、その中に項目ごとの活動資料のデータが収録されています。

* ファイルの並び順は、パソコンの設定で表示が異なりますが、ここでは見やすくするために、活動資料一覧画面 P.13 の表示に合わせて掲載しています。
* ファイル名の末尾「C」はカラー、「M」はモノクロデータです。

DATA

1 学習態勢
- 1 まちがい探しお題集
- 1 まちがい探しワークシート
- 2 よく聞くかるた_記号
- 2 よく聞くかるた_動物
- 3 よーく聞いて答えようお題集
- 4 おちたおちたカード_C
- 4 おちたおちたカード_M
- 5 声のものさし_C
- 5 声のものさし_M
- 6 動物カード_C
- 6 動物カード_M
- 7 ばっちりマーク_C
- 7 ばっちりマーク_M
- 7 学習態勢カード_C
- 7 学習態勢カード_M
- 8 表情カード_C
- 8 表情カード_M
- 8 くやしい気持ち掲示シート_C
- 8 くやしい気持ち掲示シート_M
- 9 サーキットのルール表
- 9 日本一周ワークシート_C
- 9 日本一周ワークシート_M
- 10 調理のレシピ表_C
- 10 調理のレシピ表_M
- 10 個人用調理シート

2 コミュニケーション
- 1 仲間探しのルール表
- 2 インタビューポイント掲示シート
- 2 インタビューワークシート
- 3 動物カード_全身_C
- 3 動物カード_全身_M
- 4 話し合いのルール表
- 4 ヒントレベル掲示シート_C
- 4 ヒントレベル掲示シート_M
- 43 ヒントクイズお題集
- 5 アイデア王は君だワークシート
- 6 なんでもQカード
- 7 マル秘情報カード
- 7 動物たちの住むビル解答用紙
- 7 協力絵合わせ_C
- 7 協力絵合わせ_M
- 8 ランキングトークワークシート
- 9 SSTすごろくシート_C
- 9 SSTすごろくシート_M
- 9 SSTすごろくカード
- 10 話し合いのルール掲示シート

3 仲間関係
- 1 自己紹介すごろくシート_C
- 1 自己紹介すごろくシート_M
- 2 ペアカード
- 3 あったかチクチク掲示シート_C
- 3 あったかチクチク掲示シート_M
- 3 あったかチクチクワークシート
- 4 やりスギちゃん提示シート_C
- 4 やりスギちゃん提示シート_M
- 4 やりスギちゃんワークシート
- 5 かぶらナイスお題集
- 6 なるほど札_なんで札_C
- 6 なるほど札_なんで札_M
- 6 みんなの意見deそれ正解お題集
- 7 裏の常識川柳カード
- 7 裏の常識川柳ワークシート
- 8 いいねカード
- 8 ありがとうカード

4 情緒_自己
- 1 気持ちツリーシート_C
- 1 気持ちツリーシート_M
- 1 気持ちの葉_C
- 1 気持ちの葉_M
- 1 きもちくんクイズ問題シート
- 2 気持ちでビンゴシート
- 2 気持ちのことば集
- 3 気持ちはなんど出題_正解シート
- 3 気持ちはなんど解答用紙
- 4 温ドキ計_温怒計ワークシート
- 4 自分で温怒計ワークシート
- 5 気持ちの切り替えアンケート
- 6 人生バイオリズムシート_C
- 6 人生バイオリズムシート_M
- 7 きもっちさんワークシート
- 7 こまったちゃんワークシート_C
- 7 こまったちゃんワークシート_M
- 8 意見交換で大切なこと掲示シート
- 8 きみはどっちワークシート
- 9 ネガポジ変換シート
- 10 自分研究ワークシート
- 11 ビフォーアフターワークシート

5 生活
- 1 ルールカード_C
- 1 ルールカード_M
- 2 持ち物チェック表
- 3 タイムマスターカード
- 4 社会の常識_非常識ワークシート
- 5 エチケット講座ワークシート_C
- 5 エチケット講座ワークシート_M
- 6 おたすけカード_C
- 6 おたすけカード_M
- 7 連絡帳書式
- 8 在籍学級担任ニーズ調査票
- 8 保護者ニーズ調査票
- 9 学校チャレンジシート
- 10 家庭チャレンジシート

はじめに

ソーシャルスキルトレーニングを
すべての子どもが求めている

　現代の子どもたちにとって、「ソーシャルスキルトレーニング（ＳＳＴ）」は生きていくための基本技能（ライフスキル）を身につけるために、欠かせぬものとなりつつあります。それは、子どもたちを育む家庭や地域の環境が次第に変化しつつあるからかもしれません。

　かつて子どもたちは、家庭や地域で多様な年齢集団、人間関係のなかでもまれながら交流範囲を広げ、周囲の人々とのかかわり方を体験しながら育ってきました。そして、自分をコントロールする力や、相手の立場でものを考えたり共感したりする力を育ててきたのです。今日、子どもたちが自立し、社会に参加していくために必要な力である「ソーシャルスキル」を身につけるチャンスは、確実に減ってきています。

　こうした子育て環境の大きな変化のなかでは、ＬＤ（学習障害）、ＡＤＨＤ（注意欠陥多動性障害）、ＡＳＤ（自閉症スペクトラム障害）などの発達障害のある子どもたちの場合、さらに大きな課題を抱え込んでいます。発達障害は、障害としてはあまり目立たない「見えない障害」という特徴と、できることとできないことが混在する、「バランスの悪さ」という特徴をもっています。そのために、さまざまな学習のつまずきだけでなく、人とのかかわり方にも、遅れや困難をもちがちなのです。こうした子どもたちが、自立と社会参加をしていけるよう必要とする支援をどのように提供するかは、家庭や学校における大きな指導課題となっているのです。

　こうしたＳＳＴのニーズの高まりを背景に、ＳＳＴ指導に強い関心と優れた実践を長年積み上げてきた先生方によって、その集大成ともいえる本書をここにお届けいたします。しっかりとした理論を背景に、豊かな実践力のなかで考案されたこれらの具体性のある方法は、指導される子どもたちだけでなく、指導する側のみなさんにとってもきっと楽しく、たくさんの充実感と、さらなる展開へのきっかけを与えてくれるはずです。

　本書は、スタートであってゴールではありません。また、一部の子どもたちにとって必要なのではなく、すべての子どもたちにとって必要であると気づかれることと思います。すべての子どもたちのために、みなさんと共に、こうしたＳＳＴ指導をさらに充実させていくことができれば幸いです。

上野　一彦

CONTENTS

巻頭

早わかり ソーシャルスキルトレーニング… 2
- ソーシャルスキル指導のポイント……3
- 子どもの特性を踏まえた指導のポイント……6

CD-ROM 活動資料の使い方 …… 12

ソーシャルスキル指導で大切なこと …… 23

1. 小集団指導が成果を上げる …… 24
2. 教室環境のつくり方 …… 26
3. 掲示物やカードのつくり方 …… 30
4. チームアプローチ ～指導者の役割分担と連携～ …… 32
5. 通級指導教室の役割 ～通級時間数についての一考察 …… 35

目的別 ソーシャルスキルトレーニングの実例 …… 37

学習態勢

1. 聞く修行 …… 38
   ❶まちがい探し ❷おちたおちた（聞くバージョン）
2. よく聞くかるた …… 40
3. よ～く聞いて答えよう …… 42

4 見る修行 ·················· 44
　❶じゃんけんぽん・ポン　❷かえるキャッチ！　❸いろいろバスケット
　❹おちたおちた（見るバージョン）
　`column` 1.「見る」ことの困難
5 こっちむいてハイ！ ·················· 48
6 伝われ！　テレパシー！ ·················· 50
7 ばっちりマーク（学習態勢カード） ·················· 52
8 負けても怒らないかるた ·················· 54
9 サーキット ·················· 56
　`column` 2.体育や調理、図工もソーシャルスキルの指導機会に！
10 調理 ·················· 60

コミュニケーション

1 仲間探し ·················· 64
　`column` 3.10歳の壁——知的水準と年齢水準
2 インタビューゲーム ·················· 68
3 お願いカードゲーム ·················· 70
　❶お願いトランプ　❷動物カード集め
4 3ヒントクイズ ·················· 74
5 アイデア王は君だ！（ブレーンストーミング） ·················· 76
6 なんでもQ（クエスチョン） ·················· 78
7 動物たちの住むビル ·················· 80
　`column` 4.子どもに合わせた教材の工夫
8 ランキングトーク（気持ちバージョン） ·················· 84
　`column` 5.愛すべき少数派の人々
9 SSTすごろく ·················· 88
10 何して遊ぶ？ ·················· 90

仲間関係

1. 自己紹介すごろく …………………………………… 92
2. ペア探し ……………………………………………… 94
3. あったかチクチクドッジボール …………………… 96
4. やりスギちゃんを探せ ……………………………… 98
   - column　6.通級の担任だからできること、やるべきこと
5. かぶらナイス！ ……………………………………… 102
6. みんなの意見deそれ正解！ ………………………… 104
   - column　7.自己を育むことの大切さ
7. "裏の常識"川柳 ……………………………………… 108
   - column　8.診断がついて……？
8. いいね！カード・ありがとうカード ……………… 112
   - column　9.発達障害のある子どもの自己形成

情緒・自己

1. 気持ちツリー＆きもちくんクイズ ………………… 116
   - ❶気持ちツリー　❷きもちくんクイズ（重なる気持ちクイズ）
2. 気持ちでビンゴ ……………………………………… 118
3. 気持ちはなんど？ …………………………………… 120
4. 温怒計ではかろう …………………………………… 122
   - column　10.行動は制限、気持ちは受容
5. 気持ちの切り替えインタビュー …………………… 126
   - column　11.大人にも大切なクールダウン
6. 人生バイオリズムマップ …………………………… 130
7. きもっちさん・こまったちゃん …………………… 132

❶きもっちさん　❷こまったちゃん
8　きみはどっちのタイプ？ …………………………………………………… 134
9　ネガポ・バスケット ………………………………………………………… 136
　❶ネガポ・バスケット　❷事前活動（個別）
　column　12.考え方次第で気分は変わる―きっかけは行動の変容から
10　自分研究所 …………………………………………………………………… 140
　column　13."自分研究"をとおして―子どもどうしのかかわりの姿
11　ビフォー＆アフター ………………………………………………………… 144

生活

1　学校生活を楽しく過ごすためのルール10 ………………………………… 146
2　めざせ！　持ち物マスター ………………………………………………… 148
　❶教科ごとにパッキング！　❷筆箱マスターへの道　❸宿題忘れ大作戦
　column　14.ボールペンが入れ替わる？―持ち物マスターへの険しい道のり
3　めざせ！　タイムマスター ………………………………………………… 152
　column　15."成功体験"って何!?
4　社会の常識・非常識 ………………………………………………………… 156
　column　16."空気を読む"ってことは？
5　ステキなお姉さんになるためのエチケット講座 ………………………… 158
6　おたすけカード ……………………………………………………………… 162
7　連絡帳の活用法 ……………………………………………………………… 164
　連絡帳を活用するメリット　連絡帳の活用法
8　ニーズ調査票の活用法 ……………………………………………………… 168
9　学校チャレンジシート ……………………………………………………… 170
10　家庭チャレンジシート ……………………………………………………… 172

　さくいん ……………………………………………………………………………… 174

項目執筆者

岡田　智（北海道大学教育学研究院附属子ども発達臨床研究センター准教授）
- ソーシャルスキル指導で大切なこと　1, 2, 3
- 情緒・自己　1
- column　1, 2, 3, 7, 9, 10, 11, 12, 14, 15, 16

中村　敏秀（東京都あきる野市立増戸小学校通級指導学級主幹教諭）
- ソーシャルスキル指導で大切なこと　5
- 学習態勢　3, 5, 7, 9
- コミュニケーション　5, 8
- 仲間関係　4, 5, 7
- 生活　2, 3, 7
- column　5, 6, 8

森村　美和子（東京都狛江市立緑野小学校通級指導学級主任教諭）
- ソーシャルスキル指導で大切なこと　4
- 学習態勢　10
- コミュニケーション　3, 6, 7
- 仲間関係　1, 8
- 情緒・自己　6, 7, 10, 11
- 生活　9
- column　4, 13

岡田　克己（神奈川県横浜市立左近山小学校通級指導教室教諭）
- 学習態勢　8
- コミュニケーション　2
- 仲間関係　2, 3
- 情緒・自己　2, 3, 4, 5, 8
- 生活　1, 4

山下　公司（北海道札幌市立南月寒小学校通級指導教室教諭）
- 学習態勢　1, 2, 4, 6
- コミュニケーション　1, 4, 10
- 仲間関係　6
- 情緒・自己　9
- 生活　6, 8, 10

西尾　祐美子（神戸大学大学院人間発達環境学研究科）
- 生活　5

塚本　由希乃（社会福祉法人はるにれの里　就労移行支援事業所あるば）
- コミュニケーション　9

長内　綾子（北海道大学教育学院）
- コミュニケーション　9

風間　晴香（北海道大学教育学院）
- コミュニケーション　9

- ●イラスト　　中小路ムツヨ
- ●CD-ROM制作　爽美録音
- ●編集協力　　文研ユニオン
　　　　　　　　石原順子
- ●編集担当　　澤幡明子
　　　　　　　　（ナツメ出版企画）

＊本書に出てくる用語などは、アメリカ精神医学会の診断基準DSM-5では一部変更されているものもあります。

ソーシャルスキル指導で大切なこと

1. 小集団指導が成果を上げる
2. 教室環境のつくり方
3. 掲示物やカードのつくり方
4. チームアプローチ　〜指導者の役割分担と連携〜
5. 通級指導教室の役割　〜通級時間数についての一考察〜

1 小集団指導が成果を上げる

子どもどうしの関係性を生かした小集団指導は、仲間の影響を受けながらスキルを学ぶことができ、人間関係が育まれ、ソーシャルスキルトレーニング(SST)の大きな成果につながっています。

 ## SSTは小集団指導が主流

　SSTは、その大部分が小集団で行われています。日本でもSSTないしソーシャルスキル指導の実践報告や指導書は、ほぼ小集団によるSSTを扱っています。また、米国ではSOCIAL SKILLS GROUP INTERVENTIONという表記が多く見られるように、ソーシャルスキルの指導はグループが基本になっています。発達障害の子どもへのグループ指導では、年齢や支援課題にもよりますが、同じような困難や課題をもつ子どもたち2～8人程度で構成され、遊びやゲーム、スポーツ、調理や製作・作業などの実際の場面での仲間関係をとおしてスキルが指導されます。また、指導者も複数の人員が必要となり、チームアプローチをとることになります P.32 。指導者の間での連動や協力、コミュニケーションが重要となります。

　個別指導だけでは、実際の場面に即した指導は展開できず、指導場面と生活場面に距離が出てしまい、学んだことが般化しにくくなります。また、大きなクラス集団では、発達障害の子どもたちの個々の課題に焦点を当てることが難しく、個別指導やクラス集団指導にはある種の限界がつきまといます。

 ## 実際の仲間関係で学びを提供できる

　小集団において、子どもどうしの仲間関係ができていると、子どもたちはその関係のなかで**必要性に駆られて**スキルを学ぶことができます。子どもたちに関係を大切にしたいという気持ちが現れているならば、実際の仲間関係のなかで指導するほうが、絵カードやロールプレイングなどの模擬的な指導よりも、断然子どもをスキル学習に動機づけやすく、具体的にスキルを指導することができます。また、**スキルを即実践**できるということも大きな強みです。

　さらに、小集団の利点は、子どもどうしの関係性を生かすことができる点にもあります。大人からの評価以上に、**仲間からの評価は効果抜群**です。大人に「そのことば、カッコ悪いよ」と言われても改善しなかったのに、仲間から「そのことば、カッコ悪い」と言われたとたん、行動を改める子どももいます。他者からの影響が少ないASDの子どもでも、仲間関係の重要性が増す学齢期後半や思春期には、子どもどうしの意見や評価に敏感になりやすいのです。

　ソーシャルスキルの指導では、ときどき子どもどうしでお互いを評価することを組み込むこ

とがあります。ただ、仲間評価はマイナスにも強い影響力をもつので、子どもどうしの関係性が十分に育った時期で、子どもたちが仲間関係を大切にし、仲間をよく評価しようという意識をもっているときでないと、プログラムに組み込めませんので留意が必要です。

　また、グループ指導では、「**仲間からのモデリング**」の影響も大きいものです。発達障害のある子どもたちは、定型発達の子どもたちとの共通点や共鳴する点が少なく、他者の存在がモデルとはなりにくいようです。しかし、発達障害の子どもたちのグループでは、同じような苦手さや困難をかかえていることが多く、思考や感じ方のペースが共通していたり、趣味や関心事が合致したりすることが多くあります。ときどき、何年かグループ指導を経験している子どもが、「おれも、あんなふうだったなぁ」と、年下の子を見て自分のことを振り返ることも珍しくありません。指導者側も個性や不器用さなど若干の"ボロ"がでてしまうようなことがあってもよいでしょう。完璧ではない指導者のほうが子どもたちにとって親和性が高く、模倣しやすい存在となることも少なくありません（もちろん、指導スキルがボロボロであったり、想いがヘナヘナであってはいけません）。

心理的適応に大きな役割を果たす

　発達障害があり、ソーシャルスキルに課題がある子どもたちは、その多くが仲間関係で傷つき、自信をなくしています。対人不安や仲間関係の自信のなさといった二次的な問題は、やはり人間関係のなかでしか改善されないでしょう。心理的に安全で適応的な小集団活動を展開することで、子どもたちは自信を回復し、スキル学習へのモチベーションも上がっていきます。小集団指導では、よりよい仲間関係を保障することで、仲間と自分を重ね合わせ、「自分もこれでいいんだ」と自己を安定させていくこともできます。**仲間関係での適応感**は自己形成や精神的安定に重要な役割を果たすといえます。発達段階も視野に入れて、子どもどうしの人間関係の影響力、つまりグループダイナミクスも把握して指導に活用していくことが望まれます。

グループの組み方が重要

　通級指導教室のグループ構成では、ときどき在籍校の時間割や行事の都合だけで通級日時が決定されてグループが構成されることがありますが、率直なところ、これは大きな間違いです。

　もちろん、在籍校や在籍級の事情、そこでの子どもの生活も考慮しなければなりませんが、一番に優先されるのは、同じような課題やニーズがあり、学年も近いということです。また、知的能力や社会性のレベルが、ある程度同水準であることが大切です。

　効果的な指導を展開するためには、指導機関がねらいや意図をもってグループ構成を考え、それを在籍学級や保護者にきちんと説明するという姿勢が必要です。

2 教室環境のつくり方

効果的なソーシャルスキル指導を行うためには、指導を行う場所の環境調整も大切です。刺激を減らして集中しやすくしたり、見通しのきいた環境設定にすることがポイントとなります。

 ## 教室の構造化をはかる

　ADHDや自閉症スペクトラム障害などの子どもに対して療育や支援アプローチを行う際には、環境そのものに気を配る必要があります。物理的な刺激が少なく、何をすべきなのか、子どもが見通しをつけやすい環境のセッティングが重要視されます。
　指導を行う教室として、一般的には次の3つのスペースが必要となります。
❶教室(机上学習のためのスペース)
❷プレイルーム(体を動かして遊べる、体育館のようなスペース)
❸個別スペース(個別学習やクールダウンするためのスペース)
　3つの部屋を別々に設置することが難しい場合は、1つの教室をパーテーションなどで区切ってスペースを確保します。たとえば、教室の前のほうを机上学習のためのスペース(着席して取り組む活動をする場所)、教室の後ろのほうをプレイスペース(軽い動きのある活動ができる場所)にします。

 ## 指導を行う教室

　大部分の活動を行う場所が教室(着席して取り組む活動のためのスペース)になります。年齢や子どもの状態によって、机やいすの配置のしかたなどを多少変えることはありますが、一般的には、次ページのイラスト(教室の環境設定)のようになります。
　掲示物はできるだけ減らし、壁面をすっきりとさせておくと、子どもが気を取られることがなく、集中しやすくなります。また、活動(授業)ごとに使用する掲示物や教材などは、ふだんは見えないように棚やボックスの中にしまっておき、必要時のみ取り出すようにします。ボックスの引き出しや取り出し口は、黒板側に向け、子どもの注意が向かないようにします。
　このほか、口頭の指示(耳から聞くだけの指示)だけでは、注意を向けたり、理解したりすることが困難な子どもも多いため、視覚的な指示が出せるように、黒板を有効に使うこともポイントの1つです。
　ただし、あらゆる内容を板書するのではなく、要点やポイントなど、大事なことをピックアップし、必要最小限に示すことが大切です。

教室の環境設定

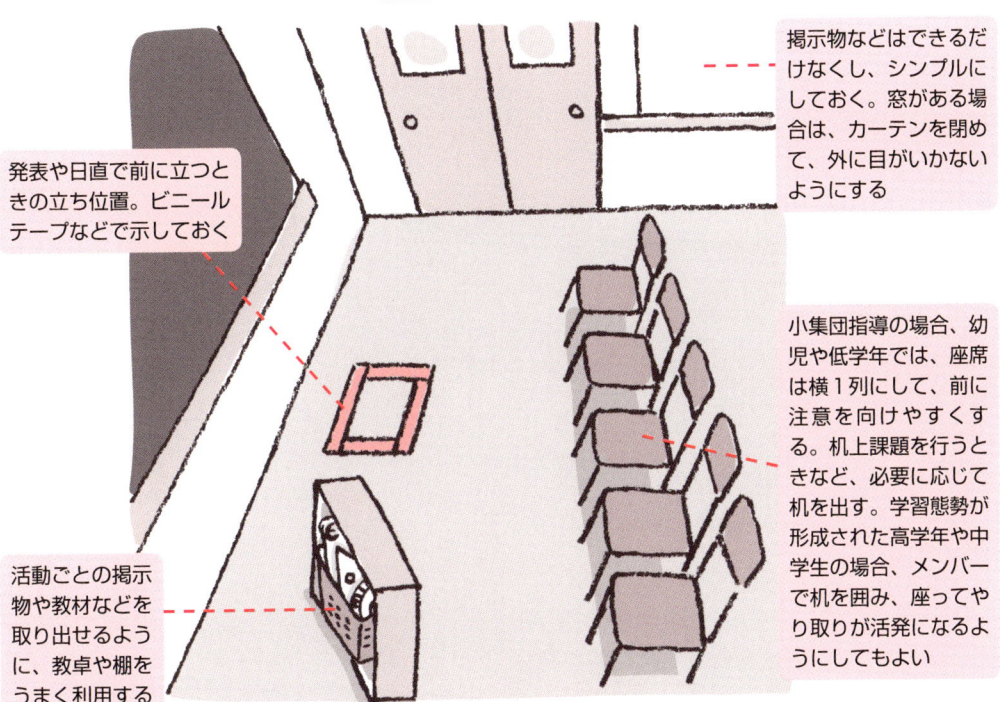

- 掲示物などはできるだけなくし、シンプルにしておく。窓がある場合は、カーテンを閉めて、外に目がいかないようにする
- 発表や日直で前に立つときの立ち位置。ビニールテープなどで示しておく
- 小集団指導の場合、幼児や低学年では、座席は横1列にして、前に注意を向けやすくする。机上課題を行うときなど、必要に応じて机を出す。学習態勢が形成された高学年や中学生の場合、メンバーで机を囲み、座ってやり取りが活発になるようにしてもよい
- 活動ごとの掲示物や教材などを取り出せるように、教卓や棚をうまく利用する

黒板の使い方

黒板はかなり気をつかうところ。メンバーの名前、教室のルール、その日のスケジュールなどを書く。掲示物は、活動ごとに貼り出したり、しまったりする

 ## プレイルーム

　ソーシャルスキル指導では、体を動かすゲームや遊び、サーキット運動などの運動課題を頻繁に行います。また、休み時間などは、子どもたちが、一定のルールのもとで、仲間と自由に遊ぶ機会もつくります。着席したままの活動がメインとなる教室とは別に、プレイルームがあるとよいでしょう。

　プレイルームでボールゲームやサーキット運動などを行う際は、ビニールテープやカラーコーンを使って、床の上に動く場所を示しておくと、子どもたちがスムーズに動けます。

　また、黒板には、活動のルールや約束事を明記します。体育館のように黒板のないスペースでは、可動式のホワイトボードなどを使うとよいでしょう。

　このほか、活動に使わない遊具や運動用具は、子どもの目につくと注意がそれてしまうため、用具置き場にしまっておきます。用具置き場がない場所では、パーテーションなどで仕切りをすることがすすめられます。

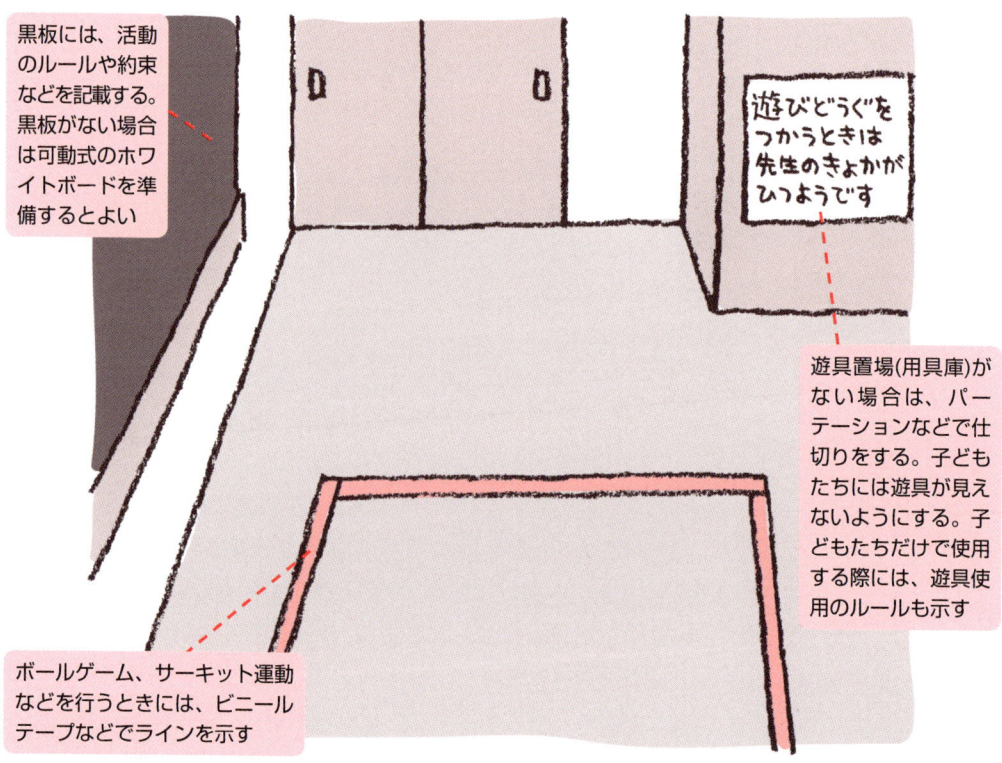

プレイルームの環境設定

黒板には、活動のルールや約束などを記載する。黒板がない場合は可動式のホワイトボードを準備するとよい

遊びどうぐをつかうときは先生のきょかがひつようです

遊具置場(用具庫)がない場合は、パーテーションなどで仕切りをする。子どもたちには遊具が見えないようにする。子どもたちだけで使用する際には、遊具使用のルールも示す

ボールゲーム、サーキット運動などを行うときには、ビニールテープなどでラインを示す

クールダウンスペース

子どもが興奮してしまったとき、周囲から切り離して個別に指導する必要がある場合は、さらに刺激の少ない、落ちついた狭いスペースを活用します。グループ指導を行う部屋の近くに、個別指導のための小部屋があるときは、そこを利用します。そうしたスペースがないときは、教室の中に、パーテーションなどでクールダウンコーナーを設けます。幼児の場合は、段ボールで部屋をつくってもよいでしょう。

活用する前に、クールダウンスペースをどのようなときに使うのかを子どもに説明し、理解させておきます。指導者から「落ちつこうね」と促されて活用することもあれば、子ども自身から「休憩します」と申し出ることもあります。

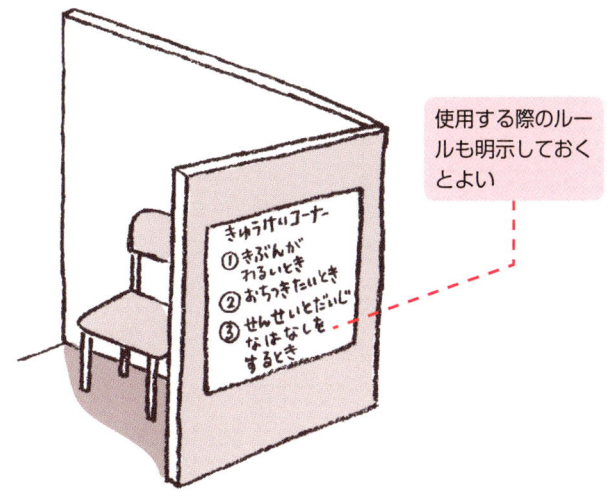

クールダウンスペースのつくり方
パーテーションのスペース

使用する際のルールも明示しておくとよい

クールダウンコーナーには、遊具や本などは置かず、やや暗めの静かな場所にしておきます。怒りやイライラのコントロールが難しい子どものために、たたいてもよいクッションなどを置いておくこともあります。

子どもをクールダウンさせるときは、指導者が1人付き添うこともありますが、基本的には1人で落ちつかせ、興奮がおさまるのを待ってから、子どもの気持ちや状態を確認したり、ルールを話し合ったりします。

3 掲示物やカードのつくり方

口頭の指示や指導が伝わりにくい子どものためには、掲示物やシンボルカードを活用することをすすめます。簡潔なことばやシンプルなイラストを使い、わかりやすさに重点をおきます。

 ## シンプルに示す

　活動やゲームを行うとき、やり方やルールを口頭で伝えるだけでは、十分理解されないことがあります。こうした場合、行動手順表やルール表を視覚的に示すことで、子どもの理解が促されることがよくあります。掲示物は、わかりやすさに重点をおいて作成します。活動や作業の流れは、手順を示す（継次的）ことと、イラストや写真を添えて視覚的に示す（同時的）ことの、両方のポイントを押さえることが重要になります。また、指示などを瞬時に示す絵カードやシンボルカードなどは、キーワードとイラストのみでシンプルに示すことが大切です。

行動手順表の例（「かりるときのルール」）

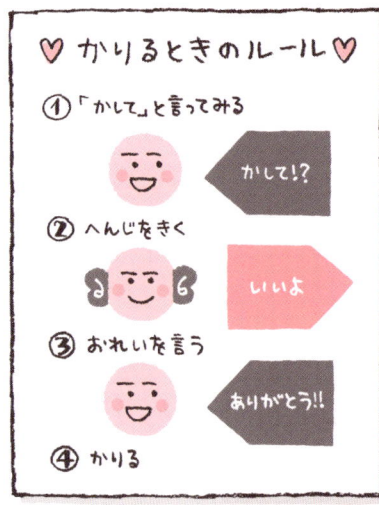 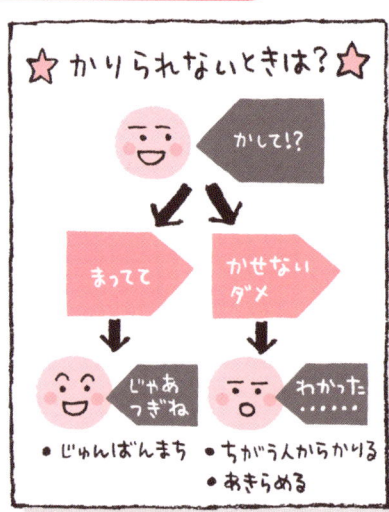

学習態勢カード P.52 の例

   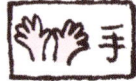  

話す人のほうを見ているか　話を聞いているか　静かにしているか　ひざの上に置いているか　床に下ろしているか　取り組む意識はあるか（行動は伴わなくても）

活動表の例

気持ちの切り替えを指導するときの活動表の例

（対象児童：小学校2、3年生）

▶負けても怒らないで続けること、気持ちを切り替えることをねらって行った指導（『特別支援教育をサポートする図解よくわかるソーシャルスキルトレーニング実例集』〈ナツメ社〉66ページ参照）

（サバイバル・ドッチの手描き活動表）

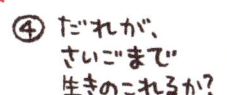

ワークシートの例

トークンエコノミーで使用する振り返りワークシートの例

子どもと先生でめあてを振り返り、達成したぶんだけシールを渡す。30ポイントたまったら特権がある。

▶基本的にワークシートには、注意がそれないように余計なイラストなどは入れない。トークンエコノミーで用いるワークシートは、例外的に子どものモチベーションを高めるため、イラストを多用して魅力的なものにする場合がある（『特別支援教育をサポートする図解よくわかるソーシャルスキルトレーニング実例集』〈ナツメ社〉20ページ参照）

4 チームアプローチ ～指導者の役割分担と連携～

グループでソーシャルスキル指導を行う場合、役割分担をした複数の指導者がチームを組み、連携しながら実施するのが効果的です。この場合、指導者どうしのチームワークが重要になります。

チームの力が子どもを変える！

　先日、はじめて通級を見学した保護者から「涙がでそうでした」と言われました。理由を尋ねたところ、内容の充実度もさることながら「あたたかい雰囲気」を強く感じたとのことでした。

　また、通級を卒業する6年生が書いた作文では「修行の場であり、ぼくの居場所だった」「同じ仲間がいた。ぼくだけじゃないと思えた」ということばがあり、思わず聞いている人たちがホロっと涙してしまう場面がありました。

　発達障害のある子どもは、クラスの大人数の中では、対等で満足のいく友人関係を築けなかったり、居場所を見いだせないことがあります。ですから、SSTのグループ活動を行ううえで、この「あたたかい雰囲気」「受け入れられている感」「仲間意識」のようなものが大切であると思います。このような"いい感じ"のグループをつくるためには、指導者側の態度や雰囲気がとても重要になります。子ども1人ひとりの状況や特性を、チーム全体で共通理解し、役割分担をして子どもを支えます。グループアプローチにおいては、我々のチームのあり方が問われることとなります。

　小集団のグループ指導を行うためには、事前、事後の話し合いが大切です。子どもの実態を把握して活動を設定し、ねらいは適切か、メインティーチャー(T1)とアシスタントティーチャー(T2～)はどう動くか、どこまでねらうかを何度も相談します。また、小集団を成功させるためには、十分な話し合いの時間も必要です。ときには、意見が合わずに話し合いが長引くようなこともあります。それでも、多くの話し合いを重ね、うまくいった場面を共有していくなかで、大人のチームも育っていく気がしています。

 ## T2（アシスタントティーチャー）の役割はとても重要

「T2は何をしたらいいですか？」と、新しく来た先生などに聞かれることがよくあります。

しかし、ケースバイケースですので、答えやマニュアルなどはありません。正直なところ、T2の動きはとても難しいといえます。出すぎても、逆に遠慮しすぎてもダメで、T1が何をねらって、どう動いてほしいかを、推測しながら活動を進めなくてはいけません。

ときには、個別に子どもに働きかけたり、よいモデルとなるような行動をしてみたり、わざと間違えて「間違えちゃった。ドンマイ。やり直せばいいか」などと、行動修正の方法を示したりもします。

このような、SSTらしいかかわりだけではなく、子どもの状態を見ながら、クールダウンの手続きをしたり、子どもの感じ方に焦点をあてその気持ちを言語化したり、承認したり、また、教室を飛び出す子どもには「暴力する前にその場を離れられたね」というように認めたりするなど、その気持ちに寄り添うかかわりも大切です。

T2には臨機応変なかかわりや、子どもへの細やかで温かいまなざしが必要となります。

 ## 指導者も成長する！ チームも成長する！

打ち合わせでは、想定していなかったようなことが起こることもよくあります。

しかし、チームが話し合いの時間をうまく共有できていると、「あうんの呼吸」で子どもの行動に対応できるような気がします。

指導者は、自分自身のソーシャルスキルを上げることだけでなく、チームとして、また、周りの指導者と上手にかかわっていくことも意識しながら、グループ指導に取り組んでいくことが必要だと思います。

私たち大人側も、自己理解をし、他者理解を図り、仲間関係を形成することがポイントになるといえるでしょう。子どもの成長場面をチームで共有できたときは、なんともいえず幸せな気持ちになれるものです。「チームアプローチって、素敵だな」と思う瞬間です。

メインティーチャー(T1)とアシスタントティーチャー(T2)の役割

| メイン
ティーチャー
1人 | アシスタント
ティーチャー
複数名 |

メインティーチャー(T1)：1人

- 全体指示、グループの仕切り、運営、場の雰囲気づくり
- めあて、ルール、スキルを全体で取り上げる。ゲームや活動のファシリテーション*を行う
- 子どもの注意を前に向けさせる

ポイント❶ 声のトーン、話すスピード、表情や動作をうまく使い分ける

＊ファシリテーション…参加者が現状を共有し、主体的に取り組みにかかわれるように働きかけを行い、プログラムを進行していくこと

アシスタントティーチャー(T2〜)：複数名

- 子どもが活動に参加できるよう個別教示、補助、促しを行う
- 意識はＴ１に向けさせる。メイン指導者の意図を察して動く
- めあてやルールを個別に提示したり、フィードバックする(必要に応じて)
- ロールプレイング、モデリング提示などの実演者となる(必要に応じて)
- パニックや問題行動への対応、クールダウンなどを促す(必要に応じて)
- 記録をとる

ポイント❶ 小声でさりげなく介入(全体のじゃまにならないように)
ポイント❷ 集中を妨げる刺激を排除する(騒ぎ合う子どもの間に入るなど)
ポイント❸ １人ひとりの子どもを個別にフォローする

5 通級指導教室の役割 ～通級時間数についての一考察～

困難のある子どもも、その子に合った指導により確実に成長することができます。そのためには時間をかけて子どもと向き合うことが重要であり、通級指導教室の役割は大きいといえます。

2つの現場の声

　ある小学3年生の保護者から、「入学して通級に通うようになってから、めっきり病院に行っていません」と聞きました。「ようすを知っておいてもらうためにも、定期的に行かれてみてはどうですか？」とすすめたところ、「行くのがいやなわけじゃないのですが、正直なところ、あまり行っても意味を感じないんです」と言われました。詳しく聞いてみると、「病院の先生や心理の人が、"ASD"とか"○○タイプ（特性）"の話をしてくれても、正直うちの子どもの話をしているように感じられないんです。その点、通級の先生はうちの子どもがどんなことが好きで、どんな子どもと仲よしで、どんなことでどんなときに固まるか知っているし、そのうえで"○○タイプ"の話も教えてくれるじゃないですか？　だから、通級の先生たちともっと話したいんです」とのことでした。

　また、別の通級児の在籍学級の担任からは、巡回相談の人が来てくれて話をしたあとに、「正直、通級の先生と話すほうが、意味がある気がする」と話してくれました。「巡回相談の人は、はじめて見ただけで、あの子のことを"こんな感じの子"と言いあてて、確かにすごいと思う。アドバイスも大きくははずれてないし、もちろんためにもなる。だけれど一方で、こちらが知っている"あの子はもうちょっとできるんだよな〜"ということまでは伝わらないんです。でも、通級の先生の場合、"あの子は通級ではこれができている"とか、"それはまだ無理"だとか、"あの子とぶつかったけど、こんなふうに解決した"とか教えてくれるので、子どものことを一緒に悩める気がするし、具体的なんですよ」と話してくれました。

時間をかけたかかわりが具体的な子ども理解につながる

　この2つの話ですが、通級担当者である私に、気をつかって言ってもらっている部分があることは百も承知として、しかし仮に、そのうちの1つでも本音だとするならば、これはなぜだろう？　と考えてみました。

　おそらくそれは、その子どもと過ごす時間の差でしょう。

　あたり前のことですが、たとえ診断が同じだったとしても、同じ子どもは1人としていません。その子どもを取り巻く環境も、1つとして同じではないでしょう。

行動分析の考え方に、「ベースライン」という概念があります。その子どもが抱えている問題は何か、どの程度なのか、できていることは何かなど、客観的に子どもを把握するということです。

　心理学者ヴィゴツキーの「発達の最近接領域」(子どもが自分1人では解決できない問題でも、大人が助言や手助け、適切な指導を行うことで、解決することができる領域のこと)という考え方もふまえると、より具体的な話ができるのでしょう。なんとなくですが、自分の通級指導担任としての役割を、自覚することができるお話でした。

通級のなかでどのように子どもと付き合うか

　通級指導担任を十数年やっていると、いろいろな学校に出向いていき、ケース会議(関係者や関係機関が問題を話し合う会議)に呼ばれることがあります。

　かつて、発達の問題であるのに、"親の子育ての問題！"といわれていた時代から比べると、先生たちのケースの見立ては、そんなにはずれてはいないことが多くなってきました。

　圧倒的に、人と上手にかかわれないASDの特有さが絡んだ問題が多いのですが、次によくみられているのが、"その子どもとうまくかかわれる人が、その子どもの周辺にいない"という問題です。

　この場合、なかなか支援の手をだすことができず、子どもの肯定的な変化は期待できません。

　そして、少し対応が進んだケースとしては、"理解して受容する人はいても、指導できる人がいない"といったこともしばしばみられます。通級指導の経験のなかで、ASD特性を持った子どもは、彼らに合わせた指導をすれば、確実に成長します。

　しかし、そのためにはそれなりの時間も必要です。私の学級では、週1日、5時間通級が基本です。そのなかで、仮に1時間子どもが固まってしまっても、復活するまで付き合い、振り返りを行い、話せたことを評価します。「死ね！」といった子どもには、「えらいな～、今日はパンチしなかったね。この前作戦考えたもんね！」などと評価します。そして、休み時間一緒に遊び、最後まで笑顔で帰っていきます。

　そうしていくなかで、子どもたちが成長していくことを実感できるとき、この仕事の醍醐味を味わい、やめられないと感じます。

目的別 ソーシャルスキルトレーニングの実例

1. 学習態勢
2. コミュニケーション
3. 仲間関係
4. 情緒・自己
5. 生活

学習態勢 1

ねらい ●聞く ●見る ●待つ ●指示理解

対象 幼児 / 小(低) / 小(中) / 小(高) / 中学

⏱ 10分程度
👤 2〜6名

聞く修行

背景となる困難 聞く意識の低さ / ワーキングメモリ / 学習態勢の未形成

準備する物 ▶ 活動の方法❶ 💿 まちがい探しお題集 / 💿 まちがい探しワークシート

この活動は？ 学習態勢の基本となる「聞くこと」を意識づける活動です。お題集をもとに、先生が文章を読みます。文章中に間違った部分を入れるようにし、間違いに気づかせます。

活動の方法❶

まちがい探し

❶ 先生がルールを説明する。「これから先生の言うことをよく聞いてください。文章のなかに間違いがあるので、見つけたら、何と何が違うかワークシートに記入してください」

❷ 先生が出題し、子どもは間違っている部分と正しい答えを、ワークシートに記入する

❸ 最後に、答え合わせをする（場合によっては、友だちどうしで確かめ合うのでもよい）

ポイント
- 先生の話を注意深く、よく聞くよう指導する。
- 一度聞いただけではどうしても間違っている箇所がわからなかったときは、1回だけ聞き直すチャンスがもらえることにする。
- 話をする前に、「では、話します」というように、子どもの注意を喚起（かんき）し、聞く意識をもたせるきっかけを与える。

SST ▶ DATA ▶ 1 学習態勢 ▶ Word 1 まちがい探しお題集 ▶ Word 1 まちがい探しワークシート

活動の方法❷

おちたおちた（聞くバージョン）

❶「おちたおちた」の手遊び歌を使ったゲーム。先生が4つのことば（りんご、かみなり、げんこつ、ながれ星）について、決められた動きを子どもに説明する。

❷T1が「おーちた落ちた」と言い、子どもは「なーにが落ちた」と聞く

❸4つのことばのうちから、T2が1つを言い、子どもがそれに合わせて動く（はじめは先生が動きもつけながら行うとよい。次にことばだけ、違う動きでなどと発展させていく）

「りんご」→「ひろう」、「かみなり」→「おへそをかくす」、
「げんこつ」→「頭をまもる」、「ながれ星」→「指をさす」

子どもの特性に応じた配慮

学校生活でのルールに沿って、注意喚起のことばを工夫するとよい（たとえば、先生「お話してもいいですか」、子ども「いいです」など）。
また、聞くことに大きな困難のある子どもに対しては、先生が出題した直後に復唱させ、間違いに気づきやすくさせる配慮をするとよい。

アレンジ・バリエーション

❶ 間違いが複数ある問題や誤りのない問題、正答が1つとは限らない（何パターンかある）問題
  例❶ 赤ちゃんは お父さんの ごはんを 飲みます
      （お父さん➡お母さん　ごはん➡おっぱい）
  例❷ 夏は 寒いので 嫌いだ （夏➡冬 または 寒い➡暑い）

❷ 協力し合って答えを出してもよいことにする：「ぼくは〜って聞こえたけど…」「間違いはあったかな？」などとやり取りをさせる

学習態勢 / コミュニケーション / 仲間関係 / 情緒・自己 / 生活

学習態勢 2

ねらい ●聞く ●待つ ●見る ●指示理解●

対象 幼児 / 小(低) / 小(中) / 小(高) / 中学

⏱ 10分程度
👤 3〜6名

よく聞くかるた

背景となる困難　聞く意識の低さ / ワーキングメモリ / 衝動性 / 学習態勢の未形成

準備する物 ▶ 🎴 よく聞くかるた（記号）

この活動は？　読み札のヒントをよく聞かないと、どの絵札が正解かわからない「かるた取りゲーム」をとおして、「聞く意識」を高めていく活動です。

活動の方法

よく聞くかるた

❶ 先生がルールを説明する。「このかるたは、3つのヒントを全部使わないと答えがわかりません。よく聞いてください。先生が『はい』と言ったら絵札を取ってください」

❷ 絵札を子どもから見えない位置（少し離れた床の上など）にセットしておき、「よく聞く」ように注意を喚起させてから、読み札を読み上げる

❸ 先生が「はい」と言ったあと、子どもに絵札を取りに行かせる

❹ 子どもが選んだ絵札と読み札を対応させ、正解かどうか確認する

「小さな 赤い まる！ はい！」

絵札が並べてある

【解答席】選んだ絵札が正しいかどうか、ここで確かめる

SST ▶ DATA ▶ 1 学習態勢 ▶ [PDF] 2 よく聞くかるた_記号 ▶ [PDF] 2 よく聞くかるた_動物

ポイント
- 子ども自身の覚えやすい方法で覚えさせる（繰り返し唱えて覚える、絵でつなげて覚える、頭文字で覚えるなど）。
- 取りに行く途中でヒントを忘れてしまった場合は、一度席に戻って「もう一度お願いします」と先生に伝えれば、再確認することができるルールにする。

絵札の例

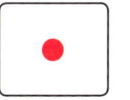

読み札の例

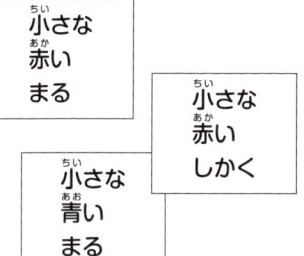

小さな
赤い
まる

小さな
赤い
しかく

小さな
青い
まる

子どもの特性に応じた配慮

- 覚えやすい方法は、子どもによって異なるため、その子の認知特性などからどのような覚え方が向いているのか検討し、その方法を子どもに伝えていくことが重要である。なかには、先生が合図するまで待てない子どももいる。「待つ」ということを意識させることも大切である。
- 聞く意識が低い子どもの場合、自分の番でなければ聞かなくてもよい（先生が大事な話をしていても、自分に関係ないと勝手に判断して聞かない）と思っていることがある。その場合は、読み札を読み終わったあとに指名するなどして、聞く意識を高めさせるトレーニングも必要である。
- 間違えることに抵抗のある子どもには、「忘れてしまっても、もう一度聞けば大丈夫」ということを伝えていく。途中で忘れたら、席に戻って聞き直してもよいということを認める。

アレンジ・バリエーション

① ヒントを発展させる：情報量の少ないヒント（「小さな」「赤い」「まる」）から、情報量の多いヒント（「赤い」「マフラーをまいた」「キツネ」など）に発展させ、覚えることば自体を難しくしていくことで、レベルアップを図る。

② ルールを付け加える：先生や友だちと「じゃんけん」をして勝ったら、または、「あっち向いてホイ！」をして勝ったら絵札を取りに行けるなど、ルールを加える。

学習態勢 3

ねらい ●聞く ●挙手で発言 ●見る ●待つ ●当てられなくても怒らない●

対象 幼児 / 小(低) / 小(中) / 小(高) / 中学

⏱ 5分程度
👤 2～8名

よ～く聞いて答えよう

背景となる困難　聞く意識の低さ / 衝動性 / 学習態勢の未形成

準備する物▶ 🎴よ～く聞いて答えようお題集 / 🎴学習態勢カード P.52 / 🎴ばっちりマーク P.52

この活動は？　学習態勢を定着させるための活動の1つです。3つのことばを先に示し、あとから出す問いにあてはまるものをその3つから選び出すゲームです。活動をとおして、**集中して聞き、聞いた内容を一定時間覚えておく**スキル、答え方の**ルールをきちんと守る**（手を挙げる、指名された人が答える、同じ意見だったら同じですと反応するなど）スキルなどを身につけていきます。

活動の方法

よ～く聞いて答えよう

❶ 先生がルールを説明する。「今から3つのことばを言います。その3つのなかから、これから出す問題にあてはまる答えを選んでください」

ルール
- 答えがわかった人は、黙ってまっすぐ手を挙げる
- 指名された人は「○○です」と、答えを言う
- 指名されなかった人で、答えが同じ人は「同じです」と言う

❷ ゲームを行う。ゲームの最中、またはゲーム後に、ばっちりマーク P.52 で、子どもの取り組み姿勢を評価する

（吹き出し）
- 同じです
- B先生です
- 同じです
- A先生、B先生、C先生。今、言ったなかで男の先生はだれ？

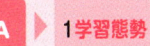

SST ▶ DATA ▶ 1 学習態勢 ▶ PDF 3 よーく聞いて答えようお題集

子どもの特性に応じた配慮

- 学習態勢を定着させるためには、基本的に「できる」課題を提示し、そのなかで、複数であるがゆえに必要な「挙手をする」「待つ」「当てられなくても怒らない」といったスキルを学ぶ。ばっちりマークを使い、評価すると効果的。
- 聴覚的な短期記憶、ワーキングメモリに弱さがあり、3つのことば(内容)を覚えていられない子どももいる。問題によっては選択肢を2つにする、または、3番目のことばが答えになるようにするなどの配慮が必要である。
- 指名されないからと言って怒る子どもには、ほかの子どもの解答に対して「『同じです』と言えば、君がわかっていることが伝わるよ」と言って、適切な行動を示すことが望ましい。

先生！なんで当ててくれないんですか！

「同じです」と言えば、君がわかっていることは伝わるよ

アレンジ・バリエーション

1 答えを複数用意する：答えが2つあってもよい。
例「きゅうり、トマト、ボール。今言ったなかで、野菜はどれでしょう？」

2 「人」を意識させる：子どもの実際の情報を出題内容に盛り込んで、「人」を意識させるのもよい。
例「○○くん、○○くん、○○くん。今言ったなかで、3年生はだれでしょう？」

3 文末を否定形にする：文末を否定形にし、最後まで注意深く聞くことを促す。
例「すもう、すもも、もも。今言ったなかで、食べられないのはどれでしょう？」

学習態勢 4

見る修行

ねらい：見る ● 注目する ● 待つ ● ルールを守る ● 指示理解

対象：幼児 / 小(低) / 小(中) / 小(高) / 中学

⏱ 10分程度
👤 2〜6名

背景となる困難：不注意 / 衝動性 / ジョイントアテンション / 学習態勢の未形成

準備する物 ▶ 活動の方法❶ CD「目」の学習態勢カード P.52、活動の方法❸ フラフープ(人数×4〜5色) / 色カード、活動の方法❹ CDおちたおちたカード

この活動は？

学校の活動の多くは、先生に注目し指示を受けることではじめるため、**話し手に意識的に注意を向ける**ことは、きわめて基本的なスキルです。授業や集団行動の場では、とくに重要なスキルとなるため、低学年のうちに身につけておくことが求められます。

「意識的に見る活動」をとおして、「見る」ことの大切さや「見る構え」を指導します。

活動の方法❶

じゃんけんぽん・ポン

先生を相手にじゃんけんをする。

「じゃんけんぽん・ポン」の「ぽん」で先生がグー・チョキ・パーのどれかを出し、「ポン」のときに、先生に合わせて「あいこ」になるように手を出せれば成功。「あいこ」にならなければ失敗となる。

「先生が何を出すか、"よーく見る"をしていないとわかりませんよ」と指導し、「目」の学習態勢カード P.52 を黒板に貼って説明する。

SST ▶ DATA ▶ 1 学習態勢 ▶ PDF 4 おちたおちたカード

活動の方法 ❷

かえるキャッチ！

　子どもたちが輪になり、手の中に「空想のかえる」がいるという設定でそれを投げ、キャッチし合うジェスチャーゲーム。

　相手から「空想のかえる」をキャッチする際には、相手をしっかり見る。今かえるがどこにいるかを目で追いながら把握する（そのためにしっかり見る必要がある）。

　キャッチしたかえるを食べるまねをするといった動作も交えるとおもしろい。そのとき、周囲のみんなは、「どっひゃー！」と驚くふりをする。

活動の方法 ❸

いろいろバスケット

　体育館やプレイルームなど、広い場所で思いきりからだを動かしながら行う活動。数色のフラフープ（人数×4〜5色）を置き、子どもは先生が示した色カード（指示カード）と同じ色のフラフープを探してその中に入る。フルーツバスケットと同じ要領で行うが、指示を出すのはつねに先生で、子どもたちにも、先生に注目しておくよう指導する。

レベルに応じたアレンジ
- ◆レベル1：体育館の半分ほどのエリアに、フラフープ（人数×4〜5色）を置く。先生は動かずに、「いろいろバスケット」と言ったあと、色カード（フラフープと同色）を提示する
- ◆レベル2：先生が体育館中を移動しながら「いろいろバスケット」と言ったあと、色カードを提示する
- ◆レベル3：先生は「いろいろバスケット」と言わずに、いきなり色カードを提示する

活動の方法 ❹

おちたおちた（見るバージョン）

「おちたおちた」の手遊び歌を使ったゲーム。先生が「おーちた落ちた」と言い、続けて子どもが「なーにが落ちた」と言い、先生は黒板に「落ちたもの」が書かれたカードを掲示する。子どもたちは、カードを見て何が落ちたかを理解する。リンゴなら手でひろう、かみなりならおへそをかくす、げんこつなら頭をまもる、ながれ星なら指をさす、そのほかは何もしないという動作をする。

カード

| りんご | かみなり | げんこつ | ながれ星 |

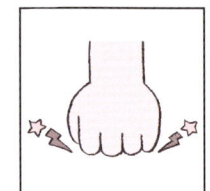

動作

| ひろう | おへそをかくす | 頭をまもる | 指をさす |

ジェスチャーバージョン

落ちたものをカードで示すのではなく、図のように先生がジェスチャーで示してもおもしろい。

| はさみでチョキン | ゴロゴロ | ゴチン | キラキラ |

子どもの特性に応じた配慮

- どの活動も短時間ででき、かつ事前の準備が少なくて済む。学習に意識を向けさせるためにも、授業のはじまりのウォーミングアップや、集中力を必要とする活動の前に取り組むとよい。
- 「よく見なさい！」と指示しただけでは伝わりにくいので、先生の方をしっかり向いていると「よくわかった」「得した」という経験を積ませてあげることが大切である。ただし、つねに集中して見続けていると疲れてしまうので、「今から見ます」というふうに、集中するポイントを伝えていくことも大事である。
- 望ましい行動（しっかりと見ること）が少しでも意識できているときには、ばっちりマーク P.52 などを使い、即時にほめていくことも重要である。また、周囲をほめることで、「しっかり見る」という意識を持つことができるようになるので、望ましい行動をしたときには、どの子もきちんと認める姿勢が求められる。

column
1.「見る」ことの困難

　しっかり「見る」ということは、実はとても複雑で高度なことです。周りに気を取られないで大事なものを見るには、注意の力が必要となります（注意集中）。また、眼球も見る対象に向けて動かさなければなりません（視運動）。他者意識が低い子どもは、周りのみんなの注目しているものを感じ取ることができずに、自分の視線を向けられないかもしれません（ジョイントアテンション）。当然、やる気がなかったり、反発していたりする子どもは、見ようともしませんね（動機づけや対人意識の問題）。

　「見る」ということには、発達障害の子どもが抱えやすい困難が、深く関係しています。どのようなつまずきがあるかで、指導や援助方法も変わってきますので、十分に子どもの困難の実態把握（アセスメント）が必要となります。

　最近では、視機能の指導（ビジョントレーニング）も行われるようになり、特別支援教材も多く開発されています。とくに、低年齢の子どもの指導領域として、「見る」スキルは重要視されています。（岡田）

学習態勢 5

ねらい ●注目する ●視線を合わせる ●挙手する ●返事をする ●指示に従う ●周りに合わせる●

対象 幼児 / 小(低) / 小(中) / 小(高) / 中学

⏱ 5分程度
👤 3〜10名

こっちむいてハイ！

背景となる困難 アイコンタクト / ジョイントアテンション / 不注意 / 声の大きさの調整

準備する物 ▶ 🎵 声のものさし

この活動は？ 視線が合ったら手を挙げるというシンプルなゲームのなかで、「しっかり見る」という学習態勢や、アイコンタクトの意識づけを行っていく活動です。視線がいつ自分に向けられるかわからない状況で、つねに指導者の目の動きを追いながら、注視する力を高めていきます。

活動の方法

こっちむいてハイ！

導入の教示
　授業中や、だれかが発表しているときなど、しっかりと前を向くこと、話し手のほうを見ることが大切であることを説明する。また、サッカーなどを例に出して、視線が合うこと(アイコンタクト)はコミュニケーションに大切であることを伝える。

❶ はじめに先生どうしで実施しながらルールを説明する。T1が「こっち・むいて」と言い、視線を向けられたT2が、次の「ハイ！」を言う

❷ 次に、先生と子どもで実施する。これをテンポよく繰り返していく

先生：「せーの、せーで、こっち」→「むいて」→「……」
うつむいて　子どもを見ながら　子どもの返事を待つ

子ども：
先生を注目する　先生と目が合う　返事をする（ハイ！）

SST ▶ DATA ▶ 1学習態勢 ▶ PDF 5声のものさし

子どもの特性に応じた配慮

- アイコンタクトや、授業中は前を向く、話している相手を見るといった基本的な学習態度は、幼児〜小学校低学年のうちにしっかり身につけておくことが求められる。
- 自閉症スペクトラム障害の特性が強く、視線を合わせることを拒否する場合などには無理強いせず、指導者側の視線を受け取ったという合図程度でよいことにしたり、発話が苦手な子どもは、挙手のみでもよいことにするなど、柔軟に対応する。

アレンジ・バリエーション

1 声の大きさ・アレンジバージョン：声の大きさを調整し、「1の声で」「2の声で」など、バリエーションを広げる。先生の声が大きいときは返事も大きな声で、先生の声が小さいときは返事も小さな声にする。ADHD傾向がある子どもは、テンションが上がりすぎることがある。その場合は、「0（ゼロ）の声」（サイレントバージョン）でやると、緊張度・集中度が増し、沈黙のなかでリズムやテンポを合わせようとするようになる。

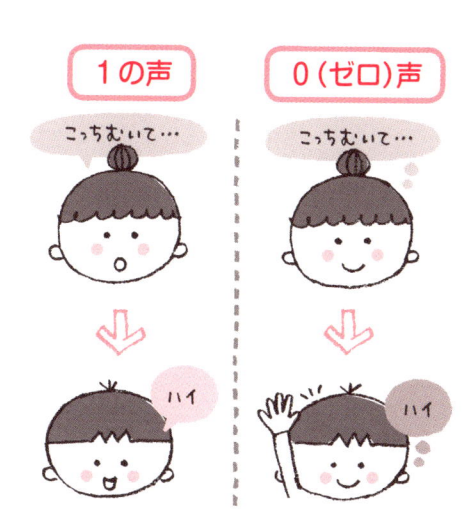

2 視線アレンジバージョン：顔を動かさず、視線だけを子どもに送るようにする。顔の動きが伴わないと、視線がわかりにくいため、子どもにとってはより難しくなる。

先生の動き
宙を見ながら → 顔は動かさずに1人の子どもに視線を送る → 返事を待つ

3 配置を変える：幼児や低学年であれば、授業を念頭に置き、指導者が前に立ち、子どもたちは席に座って活動を行う。高学年や中学生の場合は、テーブルを囲んで輪になって行ってもよい。

学習態勢 6

ねらい ●見る ●注目する ●社会的参照 ●注意集中

対象 幼児 小(低) 小(中) 小(高) 中学

5分程度
2〜6名

伝われ！ テレパシー！

背景となる困難　ジョイントアテンション / 不注意 / 他者意識の低さ

準備する物 ▶ CD動物カード / メガフォン / CD「目」の学習態勢カード P.52 / CDばっちりマーク P.52

この活動は？　学習態勢の1つである「しっかり見る」を意識づける活動です。「しっかり見る」ことは、他者意識や注意集中が弱い子どもがつまずきやすく、幼児や小学校低学年で早めに指導したいスキルです。変身ゲーム（先生が変装した箇所を見破る）やフライングゲーム（つい立ての間を飛んでいったものを当てる）などの活動もよく行われます。

活動の方法

伝われ！ テレパシー！

導入の教示

「目」の学習態勢カード P.52 をホワイトボードに貼り、T1が「今から先生は、ホワイトボードに貼られている動物のどれかを見つめます。何を見ているかわかった人は、その動物を先生に教えてください。"よーく見る"をしていないと、わかりませんよ」と説明する。

SST ▸ DATA ▸ 1 学習態勢 ▸ PDF 6 動物カード

❶ 子どもたちは、先生が見ているものが何かを、先生の視線の先を追いながら考える

❷ 答えがわかったら声を出さずに手を挙げ、指名されてから前に出ていき、「ないしょメガフォン」でＴ１に静かに答えを伝える。正答したら、自分の席に戻って静かに待つ。答えが間違っていたら、再挑戦する

❸ Ｔ２は、子どもがきちんと座っていたり、Ｔ１を注目していたりすることを、ばっちりマーク P.52 を用いて即時に評価していく

ポイント
あてずっぽうに答えるのではなく、先生の視線を意識するよう指導する。

子どもの特性に応じた配慮

　幼児や小学校低学年では、ことばによるヒント（「右のほうを見ているよ」など）を与えつつ、１つのものに共に注目することができたという経験を積ませてあげるとよい。また、複数の情報を提示されると混乱しやすい子どもには、ホワイトボードに貼る動物の数を配慮する必要がある。

アレンジ・バリエーション

❶ **一斉に答えを言い合う**：子どもたちが、先生の視線の先と同じところに視線を合わせて、「せーの！」で一斉に答えを言い合ってもよい。

❷ **複数の動物を記憶する**：先生が複数の動物に順に視線を送るようにし、動物の順番（例：ネコ→イヌ→キツネ）を記憶するゲームにしてもおもしろい。答えは「ないしょメガフォン」を使って、順番を間違えないように言う。

❸ **日常的に取り入れる**：「大事なときは前を向く」「話している人を見る」ことを、日常的に活動を取り入れて意識させる。子どもができているときは、即時に評価する。

〇〇くん、前を見ていますね。聞く準備ができていますね

あっ！聞かなきゃ！

学習態勢 7

ねらい: ●見る ●聞く ●着席する ●返事をする ●注目する ●指示に従う ●注意されたら直す●

対象: 幼児 / 小(低) / 小(中) / 小(高) / 中学

必要に応じて / **3〜10名**

ばっちりマーク（学習態勢カード）

背景となる困難: 多動性 / 衝動性 / 不注意 / 他者意識の低さ / 学習態勢の未形成

準備する物▶ CD ばっちりマーク / CD 学習態勢カード / 子どもの名前マグネット

この活動は? 子どもたちに、学習態勢を確実に定着させるためのしくみです。「聞く」「見る」といった活動では、この「ばっちりマーク」を活用して、指導者が求める態勢がとれている子どもに「それが正しいよ」という評価を視覚的に示します。

活動の方法

ばっちりマーク

❶ 3種類のマーク（ばっちり・おしい・ざんねん）の意味と、そのうちの「ばっちりマーク」を学期末までなどの決められた期間に目標数ためることができたら、ごほうびがある（お楽しみ会を開催するなど）といったしくみを説明する（具体的な活動目標は、最後の活動回の2回前に提示する）

❷「おしい！」「気をつけて！」というときには、「気をつけてください」と言いながら、「おしいマーク」をつける。1回の指導で、「おしいマーク」が3つたまったときは「ざんねんマーク」がついてしまう。その結果、「ばっちりマーク」が1つ減らされることになる

❸ 話を聞くときの正しい姿勢を確認し、「目」「耳」「口」「手」「足」「心」のそれぞれについて評価する。できているところには、「ばっちりマーク」を貼る

ばっちりマークで評価する

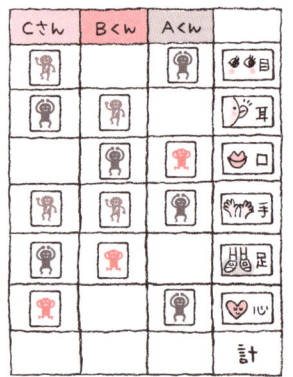

学習態勢カードでの評価ポイント

目…話す人のほうを見ているか
耳…話を聞いているか
口…静かにしているか
手…ひざの上に置いているか
足…床におろしてそろえているか
心…取り組む意識はあるか（行動は伴わなくても）　など

SST ▶ DATA ▶ 1 学習態勢 ▶ 7 ばっちりマーク(PDF) ▶ 7 学習態勢カード(PDF)

子どもの特性に応じた配慮

不適切な行動（肘をついている、いすに足を上げる、勝手にしゃべるなど）がみられても、最初から「おしいマーク」や「ざんねんマーク」で評価しない。まず、T2がそっと助言して修正を促し、そこで直せたら、「肘をついていたのをさっと直せたね」「足をすぐにおろせたね」「先生からのアドバイスをきいて直そうとする、その心イイね！」と言って、「手」「足」「心」に、それぞれ「ばっちりマーク」を貼る。T2との関係づくりも重要なポイントである。

（吹き出し）机にひじをつかないようにしようね

不適切な行動が正されるようになってきたら、段階を上げて、「つい机を浮かしちゃうね。そこを気をつけてみよう」と言って、「おしいマーク」を使うようにする（経験の浅い指導者は、ばっちりマークだけで1時間にどれだけほめることができるかの訓練としても活用できる）。"できてあたりまえ"をほめることが大切である。

アレンジ・バリエーション

1 少しずつ"小さな枠"を外す：学年が上がったり、指導が進んだりしていくなかで、徐々に"小さな枠"を外していくようにするとよい。最終的には、「ばっちりマーク」がなくても取り組める状態をめざす必要がある。

そのうえで、注意しなければならないのは、学年が高くなってから指導に参加しはじめた子どもの場合、これまでの積み重ねがないうえに、素直にアドバイスを受け入れたくないという情緒面の問題も抱えていることが多いため、対応は慎重になる必要がある。

（吹き出し）Cさんは3年生になったのでレベルアップ！口のところの「声の大きさ」だけ気をつけてね！AくんBくんは2年生だけど、レベルアップをめざしてね！

2 ほかの活動で使用する：ばっちりマークは、ほかの活動でポイント数を示すときなどにも活用することができる。

学習態勢 8

ねらい ●聞く ●見る ●待つ ●ルールを守る ●負けても怒らない●

対象 幼児 小(低) 小(中) 小(高) 中学

15分程度
3〜8名

負けても怒らないかるた

背景となる困難 勝ちへのこだわり / 失敗や負けることへの不安 / 感情コントロールの困難

準備する物▶ 🎴 表情カード / ルールやねらいの掲示シート / ポイントを貼る用紙 / ポイント

この活動は？ かるた遊びをとおして、ゲームに負けたときなどに、怒りをコントロールし、がまんできるようなスキルを少しずつ身につけられるよう指導します。

活動の方法

負けても怒らないかるた

❶ かるたの前に、顔の表情（笑顔、怒る、くやしい、泣く）を表した絵カードを使って、「負けても怒らない」の学習をする。先生が、「かるたはだれでも負けることがあります。今日のかるたは、負けても怒らないことが大切です。負けたときは、だれでもくやしい気持ちになります。そんなときは、"まっいいか" "あーくやしかった" "次はがんばろう"と思って、気持ちを切り替えましょう」と伝える。また、「怒ったり、泣いたり、途中で投げ出したり、文句を言ったりするのはやめましょう」と約束する

❷ かるたの読み札を読んだあとに、読み手（先生）が「はい」と言うまで待って、かるたを取るルールであることを事前に提示し、かるた遊びを行う

❸ 先生が、ポイントをつけて、子どもを評価する。ポイントは、取ったかるたの枚数ではなく、「待つこと」と「負けても怒らないこと」ができていることで評価する

（先生のセリフ）犬も歩けばぼうに当たる。はい！

表情カード
うれしい たのしい / イライラ おこる / ざんねん くやしい / かなしい なく

SST → DATA → 1 学習態勢　PDF 8 表情カード　PDF 8 くやしい気持ち掲示シート

子どもの特性に応じた配慮

- 子どもの実態に合わせて、「今、手が出そうなのにがまんしていてすごいね」「ここで負けたら怒り出しちゃう子が多いけど、どうかな？」など、場合に応じて声をかけ、「待てる」「負けても怒らないでできる」場面をつくるようにする。
- 子どもにとって負荷の低いものからはじめ、状況に応じて負荷を高めていくようにするとよい。
- グループ内でかるた取りの個人差が大きい場合は、自分の手前に、自分だけしか取れない「専用カード」を数枚ずつ用意しておくルールを追加するとよい。

アレンジ・バリエーション

1　「負けても平気」（負けても怒らないレベルアップバージョン）：「負けても怒らないかるた」のやり方に沿って、坊主めくり（百人一首）、ウォータランプなどを行ってもよい。「負けても平気」になるように、負荷が少ない活動から、段階を追って練習する。

例　レベル❶ じゃんけん → レベル❷ ウォータランプ → レベル❸ ババ抜き

2　くやしい気持ちをことばで表す：練習のなかで、負けたときの気持ちを「くやしい」などのことばで表すと、気持ちがすっきりすることを確認する。事前に、負けたときの気持ちや、どうすればいいのかを話し合ったり、負けたときの気持ちを切り替えられる具体的なセリフ（「くやしい」「次はがんばる」「まぁいいか」など）を決めておく。

ルールやねらいの掲示シートの例（くやしい気持ち）

負けたとき → 「くやしい」と言う

低学年に対しては、「負けたときの"くやしい"気持ちをことばで伝えると、お腹のなかの"いらいら虫"がことばと一緒に出ていってスッキリするよ」などと指導してもよい

学習態勢 9

| ねらい | ●聞く ●待つ ●やり直す ●指示に従う ●周りに合わせる ●報告・連絡・相談 |

対象：幼児／小(低)／小(中)／小(高)／中学
30分程度
3〜12名

サーキット

背景となる困難　衝動性 / 協調運動の弱さ / 学習態勢の未形成

準備する物 ▶ 各種運動用具 / CD サーキットのルール表

この活動は？　発達に課題のある子どものなかには、運動面に課題がみられる子どももたくさんいます。サーキットは、複数の運動を組み合わせた活動で、感覚統合の視点から、運動をとおしてさまざまな発達を促すために効果的な活動です。また、学習態勢の定着から種々の運動の経験まで、複合的な課題に取り組める活動としておすすめです。

活動の方法

サーキット

❶先生からの指示を聞き、子どもはそれぞれ指示されたものを準備する（図面を用意）

「CさんはコーンをⅣつ、黄色い線で囲んだ角に置いてください。Dさんは得点板を持ってきてください」

「AさんとBさんは平均台とマットを準備してください」

「いいぞ、その調子！」

「はいっ！」

「いい？持ち上げるよ、せーの！」

「せーの！」

56

SST ▶ DATA ▶ 1 学習態勢 ▶ Word 9サーキットのルール表 ▶ PDF 9日本一周ワークシート

❷「サーキットのルール表」を提示し、確認する

❸子どもの実態に応じて、1人でやるもの、先生と2人で協力するもの、子どもどうしで協力するものなど、難易度を上げていく

サーキットのルール表

①きょうそうではありません

②さいごまでやりとげます

③やり直しと言われたら、やり直します

④1周クリアしたら、こくばんにチェックします

子どもの特性に応じた配慮

●周数は、子どもの実態に応じて個別に設定する（5周か6周のどちらかを選ばせるなど）。決めた周数よりもたくさんやりたい子には、規定の周数を終えた後、「もう1周やってもいいですか？」と先生に聞き、許可されればやってよいことにする。

●「やり直し」になるケースは事前に子どもに提示しておく。子ども自身が「やり直し」にならないよう、自ら気をつけながら取り組むことができるよう促す。

「やり直し」になるケース例

「平均台から落ちたら、最初からやり直してください！」

「前の人が降りてくるまで、下で持つよ！」

●予定の周数を終えたところで、必ず振り返りをし、自己評価や友だちのよかったところも発言できるようにする。指導者は「最後までやり遂げたこと、やり直しを受け入れたこと、待っていたこと」などを確実に評価し、その評価内容をみんなで共有することを大切にする。

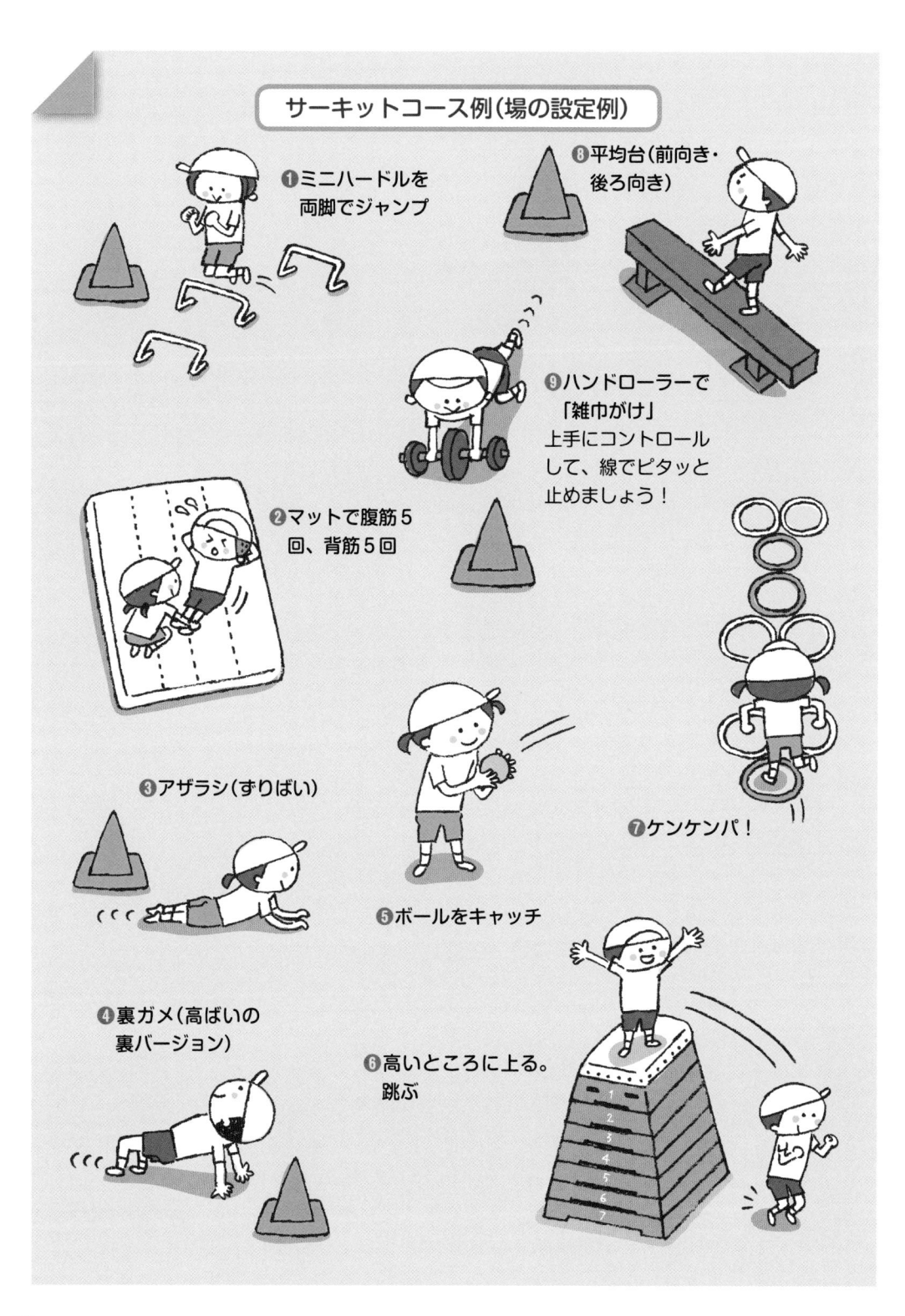

サーキットコース例（場の設定例）

- ❶ ミニハードルを両脚でジャンプ
- ❷ マットで腹筋5回、背筋5回
- ❸ アザラシ（ずりばい）
- ❹ 裏ガメ（高ばいの裏バージョン）
- ❺ ボールをキャッチ
- ❻ 高いところに上る。跳ぶ
- ❼ ケンケンパ！
- ❽ 平均台（前向き・後ろ向き）
- ❾ ハンドローラーで「雑巾がけ」上手にコントロールして、線でピタッと止めましょう！

column
2. 体育や調理、図工も ソーシャルスキルの指導機会に！

　サーキットや調理、工作、ボールゲームなどは、学習態勢や運動動作、コミュニケーションなど、さまざまなねらいを設定できます。また、子どもたちが純粋に楽しめる活動でもあります。

　しかし、指導者の指導方法が未熟であれば、単なる"楽しいだけ""こなすだけ"の課題になりがちです。子どもが肯定的にソーシャルスキルを学べるように、障害特性に応じた指導が求められます。

　「サーキット」を例に、いくつか障害特性に応じた指導配慮を示してみます。

【目標の個別化・具体化（視覚支援）】
　順番待ちができるように、各コーナーの前に、「待つ位置」を視覚的に示す。また、1周したら、子どもたちが決めた漢字の画数を利用して黒板に回数をチェックする。黒板には、回数と気をつけなければならないポイントをはじめから視覚化しておく。

【指示やプロンプト（手助け）の量の調整】
　指導者は各コーナーに立ち、指示を与えたり、評価したりする。周りの状況を見て、子どもが判断できるようにできるだけ最小限の指示にするが、子どもの状況理解や行動統制のレベルに合わせ、指示の量を変える。

【難易度の調整と成功体験】
　各コーナーは、ポイントを少し努力すればクリアできる程度に、子どもの運動スキルに応じて難易度を調整する。ポイントの指導者は、子どもがきっちりやり遂げるまで「クリア」とは認めず、再度チャレンジさせる。上手にクリアできるように、子どもの運動スキルに応じて援助する。

【フィードバックの具体性】
　学習態勢や運動スキルについて、指導者が望んだことを遂行できたときは、きちんとほめる。よさそうな活動を、ただやればよいというものではない。指導方法とねらいを達成できたかどうかの評価の視点が組み込まれている必要がある。（岡田）

学習態勢 10

ねらい
- 指示に従う ● ルールを守る ● ていねいに作業する ● 役割分担
- 報告・連絡・相談 ● 話し合う

対象 幼児 小(低) 小(中) 小(高) 中学

⏱ 45分程度
👤 2～5名

調理

背景となる困難 協調運動の弱さ / 見通しの弱さ / 不注意 / 衝動性

準備する物 ▶ 🎴調理のレシピ表 / 🎴個人用調理シート

この活動は? 調理作業により、**手順にそって取り組むこと**や**自分の仕事に責任をもつこと**、**役割分担をすること**、**報告・連絡・相談などのスキル**を身につけていきます。

活動の方法

調理

❶ 調理のレシピ表を確認し、これからはじめる調理の手順を理解させる。めあてや注意事項を確認し、分担が必要な場合は、話し合いで決め、個人用調理シートに記入する

調理のレシピ表の例

チョコチップクッキー

材料 バター70g　チョコレート1枚　さとう50g　たまご1/2個　小麦粉150g

道具 ボール　ほうちょう　まな板　ヘラ　さいばし　アルミホイル

❶ 材料をはかる 
❷ チョコレートをきざみ、バターをねる 
❸ バターにさとうと小麦粉をくわえる 
❹ といたたまごをくわえてまぜる 
❺ チョコレートをくわえる 
❻ きじを1つにまとめる 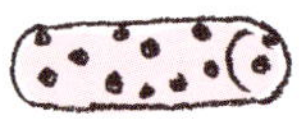
❼ 切って分ける
❽ 170℃のオーブンで15分やく　できあがり！

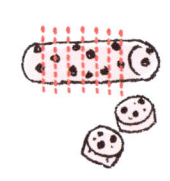

❷手洗い、エプロン、三角巾を身に着ける

❸個人用調理シートに従って、グループで協力して調理器具や材料の準備を行う。準備ができたら指導者に報告し、調理のレシピ表に従い、調理を進めていく

調理の指導のポイント

　子どもたちにとって、調理はモチベーションのあがる楽しい活動である。だからこそ、ただ「楽しい」だけで終わらせないように、指導者は「指導のねらい」をしっかり押さえる必要がある。自分のやりたい作業の希望を伝えたり、ときには妥協して譲ったりするスキルが求められる。また、レシピや手順表の見通しをもったり、指示に従い作業を進めたりするスキルがないと、調理は完成しない。活動のなかに報告・連絡・相談のスキルを意図的に組み込むことで、だれかに確認したりきっちりこなしたりという機会にもなる。

指導の工夫

　調理のレシピ表や個人用調理シートだけではイメージがつかみにくい子どもには、「写真」や「絵カード」などで道具や調理の工程、盛りつけ例などを示す必要がある。子どもの実態に応じて、わかりやすい工夫が必要である。

個人用調理シートの例

チョコチップクッキーをつくろう

めあて
- レシピひょうのじゅんばんをまもる
- 作業のぶんたんは、話しあいできめる
- ぶんたんされた自分のさぎょうはさいごまでしっかりやる

順番	つくり方	使う道具	分担
1	道具と材料をもらいに行く		
2	材料をはかる	はかり	
3	チョコレートをきざみ、バターをねる	ほうちょう、まな板	Aくん、Bくん、Cくん
4	バターにさとうと小麦粉をくわえる	ボール、ヘラ	Eさん
5	といたたまごをくわえてまぜる	ボール、ヘラ	Dくん
6	チョコレートをくわえる	ボール、ヘラ	Fさん
7	きじを1つにまとめる		じゅんばんにやる
8	切って分ける	ほうちょう、まな板	全員でやる
9	170℃のオーブンで15分やく		
10	もりつける　先生にほうこくする	全員分のおさら	全員でやる
11	使った道具をあらう		全員でやる

ふりかえりをしよう！
- 協力できた　　　　　◎　○　△
- 作業の分担ができた　◎　○　△
- 報告、相談ができた　◎　○　△

がんばったことや感想

― 子どもの実態に合わせてめあてを提示し、意識づける

― 「チョコレートをきざむのはAくんとBくん」「バターをねるのはCくん」「卵を溶いて混ぜるのはDくん」「クッキーの形をつくるのは全員で」などと分担を決める

― 活動の最後に、「順番で交代できたか」「先生に確認できたか」「レシピ表どおりにできたか」など、子どもに応じて項目を変えながら振り返りを行う

子どもの特性に応じた配慮

- 安全面の配慮やアレルギーの調査など、調理の活動が適しているかを十分に考慮してから取り組む必要がある。火や包丁を使う作業は、特に安全に気を配ることを事前指導で強調する。また、低学年や行動コントロールの課題が大きい子どもの場合、安全のために火や包丁を使わない調理からスタートする方法もある。

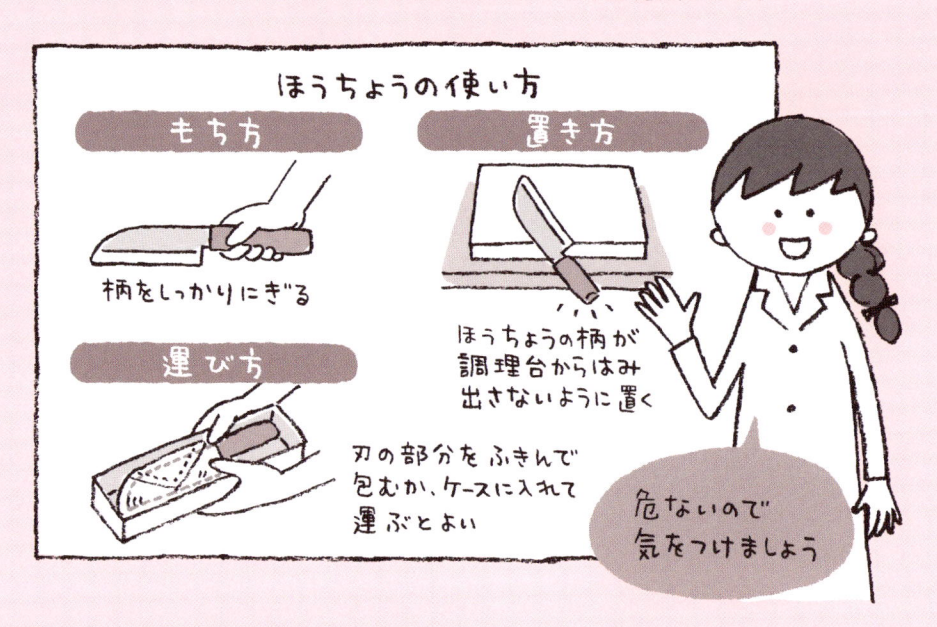

ほうちょうの使い方

- もち方：柄をしっかりにぎる
- 置き方：ほうちょうの柄が調理台からはみ出さないように置く
- 運び方：刃の部分をふきんで包むか、ケースに入れて運ぶとよい

「危ないので気をつけましょう」

- 手順やルールは常に掲示しておき、必要に応じて、そのつど指導者が声をかけ、作業を持続したり、役割分担できるように援助する。
- 必要に応じて「〜はどう？」「私は〜したいけどいい？」など、だれかに確認するときのことばを話型で提示しておくのもよい。

確認するときの話型の例

○ よい言い方
- 「〜はどう？」
- 「私は〜したいけどいい？」
- 「ほかにやりたい人いる？」

× よくない言い方
- 「〜するよ」
- 「私がやる」
- 「オレにやらせろ」
- 「ぼくが一番」

アレンジ・バリエーション

ぎょうざの皮ピザ

材料 ぎょうざの皮10枚　ピザソースおおさじ3　チーズおこのみの量　ピーマン1個　たまねぎ1/2個　トッピング（コーン、ハム、ツナなど）

道具 ホットプレート　フライがえし　ほうちょう　まな板

① ピーマン、たまねぎをうす切りにする
② おこのみのトッピングをよういする
③ ぎょうざの皮にピザソースをぬり、ピーマン、たまねぎ、チーズとおこのみのトッピングをする
④ ホットプレートでやくできあがり！

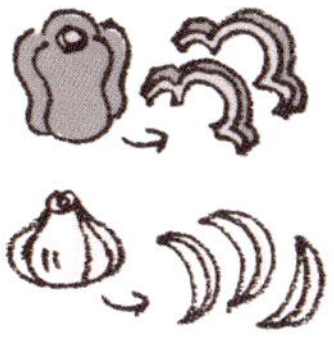

手打ちうどん

材料 （1人分）　小麦粉（中力粉）70g　水30g　しお3g

道具 ボール　ビニールぶくろ　ほうちょう　まな板　なべ　ざる　めんぼう

① 小麦粉に、しおをとかした水をすこしずついれ、よくこねる
② こねたきじをビニールぶくろにいれ、10〜20分もむ
③ 粉をひいたまな板に、きじをのばす（3〜5mmくらい）
④ きじをたたみ、3〜5mmくらいに切る
⑤ 10〜20分ゆでる
⑥ ざるにうつして水であらったらできあがり！

やきそば

材料 ちゅうかめん2パック　たまねぎ1/2個　キャベツ3〜4枚　ウインナー2本　油少々　水おおさじ3　ソースおこのみの量

道具 ほうちょう　まな板　フライパン　フライがえし（または、さいばし）

① たまねぎ、キャベツ、ウインナーを切る
② フライパンをあたためて油をひき、①をいれていためる
③ ちゅうかめんと水をいれてほぐす
④ よくまぜながらいため、ソースをいれてなじんだらできあがり！

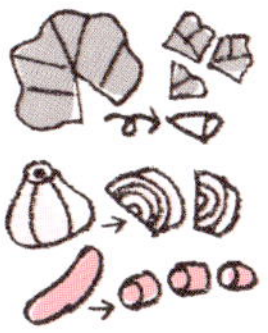

学習態勢　コミュニケーション　仲間関係　情緒・自己　生活

コミュニケーション 1

ねらい ● ことばで伝える ● 意見を聞く ● 周りに合わせる ● ことばのやりとり ●

対象 幼児 小(低) 小(中) 小(高) 中学

🕐 10分程度
👤 4〜10名

仲間探し

背景となる困難 応答性や相互のやりとり / 言語理解力の弱さ / 言語表現力の弱さ / 衝動性

準備する物 ▶ 🎴動物カード P.50 / カードホルダー / 🎴仲間探しのルール表

この活動は？
他者が言ったことを聞き、それらの情報を統合して、自分の仲間（同じグループに入る人）を探すゲームです。**人の話をよく聞いて理解すること、相手にわかりやすく伝えること、ことばでやりとりすること**が必要となる活動です。

活動の方法

仲間探し

❶「ウマ」「カメ」「ゾウ」「ウシ」「ヘビ」「トカゲ」などの動物カードをホルダーに入れ、子どもたちの背中に掛ける

❷ 先生がルールを説明する。
「今からグループに分かれてもらいます。みんなの背中に掛けられたカードを参考にして、同じ仲間だと思われるグループをつくってください」

ルール
● 背中に掛けられたカードを自分で見てはいけない
● 友だちのカードに何が描かれているかを伝えてはいけない
● 自分だけの判断で仲間分けをするのではなく、友達と意見を交換し合うこと
● 意見を言うときは、ことばで理由を伝えること（「AくんとBくんはどちらも動物だから同じ仲間だと思うよ」など）

（吹き出し）
○○くんも△△くんも冬眠する生き物だね
へぇーそうなんだ

❸子どもたちは、自分のカードを見ることができないが、ほかの子どもから情報を得て、また、自分もほかの子どもに情報を与えて、同じグループの仲間どうしで集まる（たとえば、"ほ乳類"と"は虫類"など）

❹仲間分けができたら、集まって座り、なぜこの仲間になったのかを説明させる

❺背中のカードを見て確かめ、ことばで上手に伝えることができたか、伝えにくかったのはどんなところか、こうすればよかったといった反省はあるかといったことを話し合い、交流する

子どもの特性に応じた配慮

- 話すことが苦手な子どもがグループにいる場合には、事前に話型を決めておくとよい（「○○くんと△△くんは、同じ□□の仲間なので手をつないでください」など）。
- ほかの子の意見を聞かず、1人で進行する子どもがグループにいる場合には、リーダーを交代制にするとよい（「今日はヤスオくんがリーダーです。まずヤスオくんの指示を聞きましょう」など）。
- やり取りすることを重視するので、第一段階としては、色や形をもとに、簡単に仲間分けができるようにするとよい。
- 幼児や知的に低めの子どもたちには、カードに何が描かれているのか、その名称を言ってもよいことにしたり、「ウマ」「ウマ」「カメ」「カメ」など、同じものどうしでグループをつくるようにしてもよい。子どもの能力によって、教材を工夫する。

アレンジ・バリエーション

1 年齢や知的・言語水準に応じた課題内容にする：低年齢の子どもや、知的水準が低めの子どもを対象とする場合、抽象的な概念やカテゴリーの理解が難しいので、「大きい」「小さい」「食べられる」「食べられない」というように、容易に仲間分けができる題材で行う。

2 ジェスチャーのみの仲間分け：友だちとやり取りをするとき、ことばを使わずに、身振りや手振りのみ（サイレントモード）で行うのもよい。指示的にならず、相手のことを考えて行動する（手をそっと引いてあげる、視線を合わせる、うなずきや反応が重要）ことが望まれる。

3 人数バランスを均一にしない：慣れてくると、子どもは人数が半々に分かれるような仲間分けになるだろうと想定する。それをくずすような人数バランスにすると、やりとりが豊かになる（「本当かな？」と確かめ合うなど）。

4 グループ数を変える：仲間分けのグループをいつも2組にしていたなら、たまに3組や4組にしてみてもおもしろい。

5 "揺れ"のある仲間分けを作る：観点を変えると、仲間の分け方が変わる題材を扱ってみる。仲間分けをしたあとの話し合いで、なぜそのように分けたか、1人ひとりに理由を述べさせ、「そういう考え方もあるな」と他者の意見を受け入れさせる場面をつくることができる。分け方の"正解"が1つではなく、いろいろな答えが出てきてよいという前提で行う。

例　いぬ・ねこ・うさぎ・さる・うま・きじ
　➡観点①：桃太郎の家来かそうでないか　観点②：ペットで飼うか飼わないか　など

column
3. 10歳の壁──知的水準と年齢水準

　Zさんは小学6年生の女の子。勉強や友だち関係でうまくいかないことが続き、5年生から不登校になりました。昨年度の知能検査の結果ではIQの数値が81で、全般的な知的発達水準の低さはみられましたが、記憶力はよく、個人の中でのワーキングメモリーの強さがみられました。4年生までは、自前の計算力や記憶力のよさで勉強はできていましたが、その後、徐々に授業についていけなくなり、友だちとの会話についていけなかったり、仲間はずれにされ都合よく利用されてしまったりして、しだいに学校を休むようになりました。

　知的障害や境界知能(おおよそIQが70〜85)の子ども、社会性や抽象的思考に困難がある子どもの場合、小学校生活での1つの山場として、9、10歳の壁があると言われています(『子どもの「10歳の壁」とは何か?』渡辺弥生著／光文社新書2011)。また、児童心理学者ピアジェの子どもの認知発達理論においては、10歳前後は子どもの認知発達が具体的操作期から形式的操作期へ移行する時期とされており、学習面においても抽象性や想像上の思考操作が求められる内容が多くなり、知的障害や境界知能のある子どもにはつらい時期になります。また、人間関係においても友人に依存するようになる時期であり、他者の視点に立つことや、共感することが苦手な知的障害やASD(エーエスディー)のある子どもには、きびしい時期といえるでしょう。

　このため知的機能や社会性に困難がある子どもは、10歳を境にさまざまな場面でうまくいかなくなることが多くなり、自信の低下や無力感などから、二次的な症状も出やすくなり、不登校やストレスに起因する身体的な問題もみられはじめます。

　学齢期になると、子どもの元来持っている能力は急に伸びたり縮んだりせず、指導者や保護者は、ある意味で子どもの限界に直面するといえます。

　Zさんも、教育相談室でのカウンセリングと就学相談により、知的機能と適応機能に困難があることがわかり、6年生の3学期から知的障害の支援学級に通い、学校生活に適応していきました。学齢期後期や思春期は、指導者や保護者にとって、教育課題や教育支援そのものを考えていくことを余儀なくされる時期ともいえます。目の前の壁を越えようと四苦八苦することよりも、壁の向こうに続く今後の人生を見据えていくことが、子どもの支援を考えるうえで重要でしょう。自立や社会参加を念頭に入れ、教育支援を捉えていくことが望まれます。(岡田)

コミュニケーション 2

ねらい ● ことばのやりとり ● 質問する ● 応答する ● お礼を言う ● 依頼する

対象 幼児 / 小(低) / 小(中) / 小(高) / 中学

⏰ 15分程度
👤 個別〜10名

インタビューゲーム

背景となる困難 応答性や相互のやりとり / 言語表現力の弱さ / 衝動性

準備する物 ▶ 📀 インタビューのポイント掲示シート / 📀 インタビューワークシート / 📀 声のものさし P.48

この活動は？ 子どもどうしでインタビューし合ったり、校長先生やほかの先生にインタビューしに行ったりし、他者へのかかわりや適切な質問・応答ができるようにする活動です。

活動の方法

インタビューゲーム

❶ **先生がインタビューの方法を説明する**
インタビューの方法（年齢によってインタビューのマナーは異なる）
- 「〜ですか？」「教えてください」と、ていねいなことばづかいをすること
- 「2」の声の大きさで聞く（「声のものさし」P.48 を示しながら）
- ワークシートにメモをとる（汚い字でも、自分がわかればよい）
- 内容は十分かを考えながら、必要に応じて追加の質問をする
- 最後に「ありがとうございました」とお礼を言う

❷ **仲間どうしのインタビューゲームなら2人ペアなどになり、1人3分間で交代しながらインタビューをする**

❸ **インタビューしたことを、発表する。**
紹介形式にし、前に出てきて相手のことを紹介し合うのもよい。その際は、「これから○○さんのことを紹介します」「○○さんの好きな食べ物は〜でした」「理由は〜ということでした」などと、発表形式をおさえて行う

＜吹き出し＞得意なことはなんですか？
＜吹き出し＞絵を描くことです

SST ▶ DATA ▶ ②コミュニケーション ▶ PDF ②インタビューポイント掲示シート ▶ Word ②インタビューワークシート

アレンジ・バリエーション

① **集計をとる**：「みんなにインタビュー」と題して、グループや指導者すべてにインタビューを行い、それを集計していくのもよい（「インタビューワークシート」を用いる）。集計結果は、「○人に聞きましたクイズ」など、さまざまな活動への応用が考えられる。

② **保護者や先生、校長先生など仲間以外へのインタビュー**：「イライラしたときの対処法」「おすすめの昔遊び」「児童・生徒につい怒ってしまうポイント」「笑いのツボ」など、ありふれたものから、インタビュアーの個性が表れるものまで、さまざまなものが考えられる。子どもたちの状態だけでなく、そのときの文脈や周りの状況を考えて設定するとよい。

③ **ゲームや調査形式にする**：「夏休みの思い出インタビュー」や「私のおすすめインタビュー（テレビ番組やお菓子）」など、ゲーム形式にして仲間どうしで行ったり、栄養教諭などに「給食の栄養についての学習」といった内容の調査形式で、インタビューをしたりする方法もある。

インタビュー内容の例

低学年	遊びや食べ物、好みに関するものについて	・好きな遊びは？　・好きなテレビ番組は？　・好きなお菓子は？ ・好きな教科は？　・好きな給食メニューは？　・苦手な食べ物は？ ・好きな色は？　・飼いたいペットは？　・クラスでの係は何？
高学年	自分の属性に関すること、他者との関係のことについて	・得意なこと、苦手なことは？　　　・よくやる遊びは？ ・担任の先生の良いところは？　　・親にお願いしたいことは？ ・おすすめのお菓子やテレビ番組は？　・家でよくやるお手伝いは？ ・家族旅行で行きたいところは？　・最近楽しかったことは？
中学生	時間的見通し、自己概念、人間関係の対処法について	・将来の夢や関心のある職業は？　・将来どんな人になりたい？ ・最近うれしかったことは？　　　・今後楽しみにしていることは？ ・自分の自慢できるところは？　　・仲間におすすめしたいことは？ ・自分の性格で好きなところは？　・最近の困りごとは？ ・自分の性格で嫌いなところは？　・自分の長所、短所は？
全般	ストレスへの対処法、スキルに関すること（子どもの実態に応じて）について	・イライラしたり、怒りそうなときの対処法（切り替え法）は？ ・意地悪をしたり、からかってくる人への対処法は？ ・自分が変わったと思ったことは？ ・周りの友だちに一言いいたいこと（お願いしたいこと）は？ ・友だちの振る舞いで感心したことは？

69

コミュニケーション 3

ねらい：●ことばで伝える ●依頼する ●お礼を言う ●名前を覚える ●負けても怒らない

対象：幼児／小(低)／**小(中)**／**小(高)**／中学

時間：20分程度
人数：3〜5名

お願いカードゲーム

背景となる困難：応答性や相互のやりとり／衝動性／言語理解力の弱さ

準備する物 ▶ 活動の方法❶ トランプ／話型シート、活動の方法❷ CD動物カード P.50 ／ CD動物カード(全身)

この活動は？ ことばで「お願い」をしてカードを集めるゲーム。やり取りの基本となることばを覚えるとともに、人の話を聞くことの必要性が実感できる活動です。

活動の方法❶

お願いトランプ

❶ 自己紹介をして、メンバーの名前を覚える（覚えられない子どもがいる場合、ネームプレートや出席表などを見るように促す）

❷ トランプを人数分配り、じゃんけんで順番を決める。一番の人から時計回りに進める

❸ 一番の人は、まずお願いする人（そろえたい数字を持っているかどうかを聞く人）を決め、質問する
例「○○さん、1を持っていますか？」

❹ お願いされた人は、持っていたら「はい、どうぞ」とカードを手渡し、持っていなければ「持っていません」と答える

❺ お願いした人は、カードをもらえたら「ありがとう」と言い、同じ数字のカードが2枚そろったら机に捨てる。もらえなかったら「わかりました」と答える

❻ 上記を順番に行っていき、手持ちのカードが早くなくなった人の勝ち

話し方の例
「○○さん、□をもっていますか？」
「はい、どうぞ」
「ありがとう」
「○○さん、△をもっていますか？」
「もっていません」
「わかりました」

「Bくん、5を持っていますか？」
「Aくんは5を持っているんだ。聞いていてよかった！」
「持っていません」

活動の方法 ❷

動物カード集め

　活動の方法は、「お願いトランプ」と同じ。動物カード P.50 （×2セット）を配り、子どもは自分がほしい動物のカードを持っているかどうか、友だちに聞く（「○○くん、ライオンのカードを持っていますか？」）。

　レベルアップさせたいときは、1枚の動物の絵を分けられる「動物カード（全身）」を使用する。「動物カード（全身）」は、動物のからだの一部しか描かれていないため、動物の名前がわからない場合もある。そのときは、「白いシマシマの体をもつ動物のカードを持っていますか？」というように、視覚的に得られた情報を言語化して相手に伝えることになるため、難易度が高くなる。

動物カード

| ヒツジ | ブタ | キツネ |
| コアラ | キリン | クマ |

動物カード（全身）

動物の絵を分けられる

アレンジ・バリエーション

❶ ルールを付け加える：トランプを配るときに「配り終わるまでカードには触らずに待つ」というルールを付け加えると「待つ」ことの練習にもなる。実際に、トランプゲームの場面で、配られてすぐに触ってしまうことでトラブルになることもある。

低学年の学習では、メインの活動の合間に学習態勢を整える意識も大切。同様に「負けても怒らない」ことや「順番を守る」「ルールを守る」ことも指導者は意識しておくとよい。

（吹き出し）配り終わるまで、カードに触らずに静かに待ちますよ
（吹き出し）おい！ 早く配れよ！

❷ カードの数を減らす：ルールが理解できるようになるまでは、カードの数を減らして行うと、活動がスムーズに進められる。

❸ 話型を提示する：活動の流れを話型として提示し、リーダー役を子どもにやらせてもよい。

話型例　「机を班の形にしてください」
　　　　　「これからお願いトランプをはじめます」
　　　　　「トランプを配ります。配り終えるまで触らないでください」

お願いトランプ・話型シートの例

「○○くん、（　　）を持っていますか？」

「はい、どうぞ」

「ありがとう」

「いいえ、持っていません」

「わかりました」

司会台本

「これからお願いトランプをはじめます」

「カードを配ります。配り終わるまで触らないでください」

「順番を決めます」

「じゃんけんをします」「○○さんから、時計回りに行います」

「では、はじめてください」

❹ カードの分け方を変える：分け方を変えることで、子どもの実態に合わせた活動ができるので、工夫して考えてみるとよい。

例❶ 動物の頭、胴体、足と分ける枚数を増やすと難易度が上がる。3つの部位を集めなくてはならないため、だれがなんのカードを持っているか聞いたり、探ったりしなくてはならなくなる。

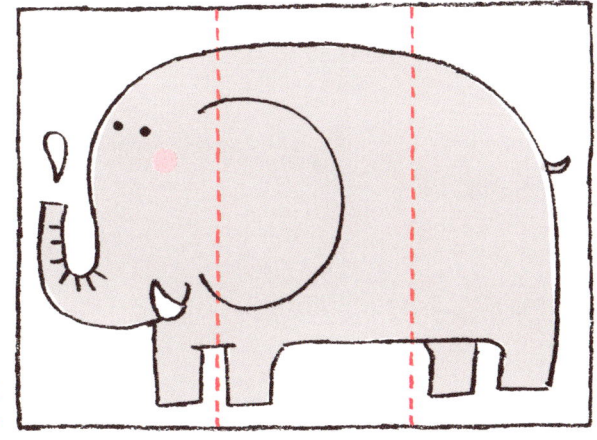

カードが3枚に分けられている

例❷ 幾何学模様などの図形が描かれたカードを用いると、動物の名前のように、情報を簡単に伝えることができなくなるため、ことばによる伝え方はより難しくなる。

形や色、大きさ、図形の配置などを言語化して相手に説明する必要があり、ことばで伝えるスキルとしては、より高いレベルが要求される。

下に青い三角形があって、上には赤い三角形が逆向きにあって、右側に青い星、左側には赤い丸があって……

ことばで説明しないと、どんなカードか相手に理解してもらえない

たとえば、このようなカード（同じものを2枚ずつ用意）を使用し、お願いトランプと同じ手順で行う

コミュニケーション 4

ねらい ● 協力する ● 話し合う ● 意見を言う ● 意見を聞く ●

対象 幼児 / 小(低) / 小(中) / 小(高) / 中学

⏱ 15分程度
👤 4〜8名

3ヒントクイズ

背景となる困難　言語理解力の弱さ / 応答性や相互のやりとり

準備する物▶ 🆑 話し合いのルール表 / 🆑 ヒントレベル掲示シート / 🆑 3ヒントクイズお題集

この活動は？　グループで協力し、3つのヒントからなるクイズを考えたり、そのクイズに答えたりする活動です。ヒントを考えるときに、グループで話し合うことが望まれます。

活動の方法

❶ 先生はルール表を提示し、ルールを説明する

ルール
- 第1ヒントで答えがわかってしまわないようにする
- 最終的には相手に答えがわかるようにする
- 仲間で協力して取り組み、出題のしかたまで考える
- 「〜でどう？」「いいね」など、話し合いのときのルールを意識する

❷ 2人以上の小グループに分かれ、進行役、記録係など役割分担を行う

3ヒントクイズ

(吹き出し)「こういうのはどう？」「いいね」「こんなのは？」「ぼく書くね」

話し合いのルール表

話し合いのルール
① 「〜でどう？」と提案する
② 応答は、「〜でどう？」「いいね」
③ 自分ばかり話さない（3回連続で提案しない）
④ みんなで決めたことにしたがう（まとめたことはみんなの解答）

SST ▶ DATA ▶ 2 コミュニケーション ▶ Word 4 話し合いのルール表 ▶ Word 4 ヒントレベル掲示シート ▶ Word 4 3ヒントクイズお題集

❸ 先生が提示した具体例を参考に、各グループでクイズ（3ヒント）を考える

❹ クイズが完成したら、グループごとに出題する

❺ クイズが終了したら、「話し合いはうまくいったか」「ヒント内容は適切だったか」などをグループごとに振り返る

クイズの記入用紙の例

```
        3ヒントクイズ
                  _____ グループ
  ① _____
  ② _____
  ③ _____
```

ヒントレベル掲示シートの例

第1ヒント　仲間分け　　なんの仲間？　動物？　道具？　など

第2ヒント　なんとなくわかりそう　　いつ使う？　どんな形？　どこにいる？　どんな色？　など

第3ヒント　その物だけのとくちょう　　鼻が長い　耳が長い　など

出題の例

「ゾウ」
① 動物です
② キバがあります
③ 鼻が長いです

「えんぴつ」
① 文房具です
② 字を書くときに使います
③ 木でできています

「ウサギ」
① 動物です
② 草やニンジンを食べます
③ 耳が長いです

子どもの特性に応じた配慮

- 低学年のケースや、言語理解の弱さがある子どもの場合は、先生がヒントを考え出題の順番を決めるところからスタートしてもよい。
- 自分だけで考えてしまう子どもがいる場合には、先生が適宜「みんなの意見を聞く」ことを意識させる必要がある。

コミュニケーション 5

ねらい ●意見を言う ●意見を聞く ●肯定的にかかわる●

対象 幼児 / 小(低) / 小(中) / 小(高) / 中学

⏰ 5分程度
👤 1グループ 3～6名

アイデア王は君だ！
（ブレーンストーミング）

背景となる困難 想像性の弱さ ／ 言語表現力の弱さ ／ 人と肯定的にかかわれない（注意をする、ケチをつける）

準備する物 ▶ タイマー ／ 📀 アイデア王は君だ！ワークシート

この活動は？ 提示されたお題に対して、各自がアイデアを順番に発言していく活動です。グループの親和性を高める目的や、話し合いの学習をはじめる前のウォームアップとしてやっておくことがすすめられます。他者の意見を否定せず、「いいね～」「あるある」と肯定的に受け止めることがポイントです。

活動の方法

> アイデア王は君だ！

❶ 机を円にして集まる。1グループに先生（指導者）が1人入り、出てきたアイデアを記録する。アイデアを聞いたほかの人は、必ず「いいね～」か「あるある」と言わなければならない

❷ タイマーを2分間にセットしてゲームを行う。みんなで何個アイデアを出せるか挑戦する。グループ数が複数のときは、数を競い合うのもよい

❸ 時間がきたらストップし、出したアイデアを数える。そのなかでよかったものを「アイデア王」と決めて、称賛する。アイデア王を決めるときは、
- 「全員で〇個出てきたね、全員がアイデア王！」
- 「今日は〇〇先生が決めます。たくさんアイデアを出した〇〇くんがアイデア王！」
- 「今日はAくんが、自分以外の人でアイデア王を決めてください。理由も言ってね」

というように、グループにふさわしい決め方にするとよい。

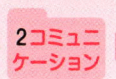

> **ポイント**
> ● グループのタイプによっては、下品なこと、暴力的なことなどを発言したら、あとから減点されてしまうというルールを先に示しておく必要がある。

子どもの特性に応じた配慮

自閉症スペクトラム障害のある子どものなかには、イマジネーションの問題や思考の固さがあり、アイデアが浮かばない子どももいる。その場合は、そばにいるT2が助言したものをそのまま言ったり、パスを認めて、「いいね〜」を言う側に徹したりしてもよいことにする。また、個別に練習して、いろいろな考え方があることを意識させておくことも重要である。

アレンジ・バリエーション

① 「もしも」のバリエーションを増やす：「もしも校長先生だったら！」「もしも総理大臣になったら！」のように、バリエーションで応用できる。

② 絵カードを使う：「笑い顔」「泣き顔」「しかられている」「友だちと喜んでいる」「ケンカしている」などの絵カードを使い、「どうしてこうなったの？」というテーマで、アイデアを出していく活動も盛り上がる。

コミュニケーション 6

ねらい ●わかりやすく伝える ●聞く ●自己表現 ●自己理解 ●他者理解●

対象 幼児 / 小(低) / 小(中) / 小(高) / 中学

⏰ 15分程度
👤 個別〜5名

なんでもQ（クエスチョン）

背景となる困難 応答性や相互のやりとり / 言語表現力の弱さ / 他者視点の弱さ / 興味・関心の偏り

準備する物 ▶ なんでもQカード（2枚）

この活動は？ 与えられたテーマに即した話を考え、聞く人にうまく伝わるように簡潔に話すトレーニングです。子どもの実態に合わせたカードを選ぶことで、「話す」「聞く」のスキル学習だけでなく、「自己理解」や「他者理解」の向上にもつながります。

活動の方法

なんでもQ（クエスチョン）

❶ なんでもQカードを引く順番を決める

❷ 最初の人がカードを1枚引き、カードに書かれているテーマについて話す。すぐに思いつかないときは、「あとで話します」と言う。話し終わったら次の順番の人へ、「○○さんはどうですか？」と言ってカードを渡す

❸ カードを受け取った人が、順にカードのテーマについて話していく

❹ 1周したら、そのカードは終了。次の順番の人がカードを引き、また一巡していく

SST ▶ DATA ▶ 2コミュニケーション ▶ Word 6 なんでもQカード

子どもの特性に応じた配慮

- なんでもQカードは、子どもの実態に合わせて数枚選ぶ。オリジナルのカードを子ども向けにつくるとよい。
- どんなことばで表現したらよいかわからない子どもや、話そうとする内容がなかなかまとまらない子どもがいる。話す内容を整理するために、時間が必要な場合は「あとで話します」という話型を使って、猶予をもらえることを習得する必要がある。
- 適切な時間で話し終えることができない子には、「20秒くらいで話そう」などと促し、タイマーで終了時間を知らせてもよい。
- 聞き方の練習として、あいづちをうつ、相手のほうを見る、話し終わるまで口をはさまないなど、段階に合わせて教えていくとよい。

アレンジ・バリエーション

❶ リーダーの練習：活動に慣れてきたら、リーダーを決めて、進行を任せる。台本を用意しておけば、安心してリーダーとしての経験を積むことができる。また、ほかの子どもはリーダーを支えるフォロワーの役であると指導し、リーダーを支える役に回る練習を行う。最後に質問タイムを作り、質問のしかたを学習してもよい。

❷ テーマを考える：友だちへの質問を考え、自分たちでなんでもQカードを作る。

なんでもQカードの例

子どもの実態とねらいに合わせて、適切なカードを選ぶ。
負荷の低い課題から取り組んで行くとよい

好きな食べ物はなんですか？その理由は？	みんなにおすすめしたいことは？	最近うれしかったことは？
自分の苦手なことは？	自分の周りにいるおもしろい人は？	ホッとできる（安心できる）ときって、どんなとき？
今年してみたいことは？	最近した小さい失敗は？	自分ってどんな人？ 動物にたとえると？

では、〇〇さん、カードを選んでください

はい

コミュニケーション 7

ねらい
- 聞く
- ことばで伝える
- 周りに合わせる
- 協力する
- 肯定的にかかわる
- 話し合う

対象 幼児／小(低)／小(中)／小(高)／中学

🕐 20分程度
👤 3～5名

動物たちの住むビル

背景となる困難：応答性や相互のやりとり／言語表現力の弱さ／ワーキングメモリ／衝動性

準備する物 ▶ 💿マル秘情報カード／💿動物カード P.50 ／💿動物たちの住むビル解答用紙

この活動は？ カードに書かれている情報をことばで伝え合い、情報を統合し、チームで協力して指令を完成させる活動です。必要な情報を得るために、**人の話を聞く**スキルや、情報を**ことばで伝える**スキルを使います。

活動の方法

動物たちの住むビル

❶ 先生が指令文をよみ、やり方を説明する

❷ それぞれの子どもに、「マル秘情報カード」を伏せて配る

❸ 配られたカードはほかの人に見せず、ことばのみで情報を伝え合う

指令文の例

> **指令文**
>
> ここは、動物たちの住むビルです。ただ、だれがどこに住んでいるかはわかりません。「マル秘情報カード」に書かれた情報をもとに、みんなで協力して、だれがどこに住んでいるかをかいめいせよ！

動物たちの住むビル解答用紙

動物ビル	
301	302
201	202
101	102

（吹き出し：コアラはひなたぼっこが好きです）

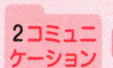

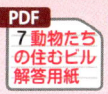

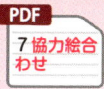

❹それぞれがことばで出し合った情報を関連づけて情報を合わせ、だれがどこに住んでいるか、動物カードを正しく並べて「動物たちの住むビル」を完成させる

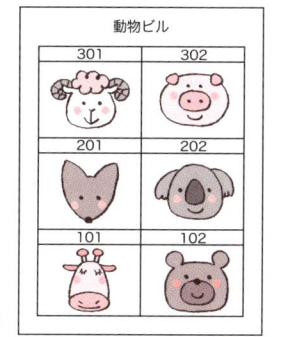

〈解答例〉

マル秘情報カードの例

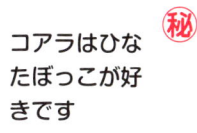

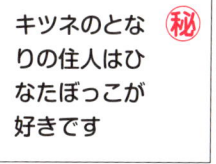

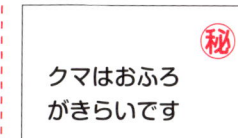

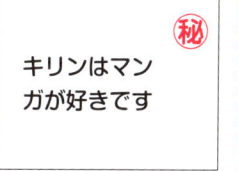

- コアラはひなたぼっこが好きです 秘
- キツネのとなりの住人はひなたぼっこが好きです 秘

関係のない情報カードの例
- クマはおふろがきらいです 秘
- キリンはマンガが好きです 秘

子どもの特性に応じた配慮

- 子どもの実態に合わせて、カードの枚数や情報の量、難易度を変える。ときには、関係のないマル秘情報カードを入れるなどして、必要な情報か、関係のない情報か考えさせたり、話し合わせたりしてもよい。
- 一方的に話してしまう子ども、話す順番がわからない子ども、タイミングよく会話に加われない子どもなど、さまざま実態が想定される。活動の前に、ロールプレイなどでモデルを見せたり、具体的なやり方（話型の提示）を示したりして、個々の課題へ対応するとよい。活動終了後は振り返りを行い、できたところを評価していく。
- ワーキングメモリの弱さや不注意、他者への関心が低く、人の話を聞こうとする意識がもてないなどの特性があることで、さまざまな聞きもらしや、やり取りのズレが生じてしまう。聞きもらしたときに、どのようにして補ったらいいのか、その方法を知っておくことも大切。活動のなかでは「〇〇さん、もう一度言ってください」と聞き返す方法を教えていく。

〇〇くん、もう一度言ってください

マル秘情報カードは相手に見えないように伏せておく

アレンジ・バリエーション

　子どもの実態に合わせて教材を選んだり、作成したりすることが大切である。オリジナルの活動を工夫してつくってみるのも楽しい。

①　謎の生物を探せ：「マル秘情報カード」に書かれている情報をもとに、「謎の生物」を作成する。チームで取り組み、マル秘情報カードは仲間に見せずに、互いにことばで伝え合う。スケッチ係を1人決め、スケッチ係はイラストを描く。

マル秘情報カードの例

㊙ 鼻はみどりの三角形です
㊙ 顔はくろい四角形です
㊙ 口はオレンジの四角形です
㊙ 目はあおい丸です

できあがった「謎の生物」

②　協力絵合わせ：1枚の絵を数等分した絵カードを3〜5人で分けて持つ。絵カードは仲間に見せずに情報をことばで伝え合い、正しい位置に配置して絵を完成させるゲーム。見た絵を言語化し、伝えられた情報をもとに、絵カードの位置を推測しながら行う。

絵カードの例

マル秘情報絵カード

台紙　　　　　　　　　完成図

台紙の上にカードを置いて行く

column
4. 子どもに合わせた教材の工夫

　Aくんは大のマンガ好き。担任の先生から「マンガのことをよく知っていてすごいですが、授業中も関係のないマンガの話が止まらず困っている」と相談を受けました。

　そこで、「動物たちの住むビル」のマル秘情報カードのなかに、「関係のない情報」としてAくんの大好きなマンガの話を盛り込むことにしました。「今日は、関係のない情報が入っています。その話に気を取られると時間内に指令を達成できません。先生にだまされないでね。活動開始！」。案の定、マンガの情報カードが出てきたとたんAくんは大喜び。「知ってるよ！あのさ……」と話しはじめたAくん。しかし、友だちに「それって関係ないんじゃない？」と指摘され、渋々話をやめました。「だまされると思ったのに残念」と先生がくやしがると、少しうれしそうにしていました。

　このような活動をしたからといって、すぐにAくんが授業中にマンガの話をしなくなるわけではありませんが、「関係のない話」というキーワードは入ったようで、「それって関係のない話？」と言うと、はっと気づくようになってきました。

　子どもの実態や個別目標、認知の特性に合わせて教材を工夫することは、意外と見落とされやすいのが現状です。ＳＳＴの授業で取り上げたことばや意識を、生活のなかで繰り返し強化していくことが大切だと感じています。（森村）

コミュニケーション 8

ねらい ● 出来事を振り返る・思い出す ● ことばのやりとり ● 感情の認識

対象：幼児 / 小(低) / 小(中) / 小(高) / 中学

⏱ 10分程度
👤 個別〜4名

ランキングトーク（気持ちバージョン）

背景となる困難　言語表現力の弱さ / 想像性の弱さ / 自己表現力の弱さ

準備する物 ▶ 💿 ランキングトークワークシート / 💿 気持ちはなんど？出題シート・正解シート　P.120

この活動は？　自分の周りで起きた出来事について、だれか（親、友だち、先生）に伝えようとしない子どもの場合、会話のなかで質問されても、話が展開したり、深まったりしない傾向があります。そうした子どもに対し、最近起きた出来事（これから起こる出来事）について、「うれしい」「悲しい」「楽しみ」「不安」などのテーマごとに順位をつけて、ワークシートに書かせる活動です。書く作業を通して、**指導者と話題を共有したり、話を展開させる**ことをめざします。

活動の方法

ランキングトーク（気持ちバージョン）

❶「うれしかったこと」「悲しかったこと」などのテーマごとに、最近起こった出来事について書き出す活動であることを、ワークシートを示しながら説明する

❷ ワークシートに書かせる（ランキングに書く内容は、小見出しのように端的なものにする）

❸ 書いた内容について、先生や友だちと話し、話題や情報を共有する

〈うれしいランキング〉
1位　誕生日だった！
2位　10円ひろった
3位　ゲームをクリアした

〈ざんねんランキング〉
1位　どうろのみぞにはまった

（吹き出し）誕生日プレゼント買ってもらった？何もらったの？
（吹き出し）うん、〇〇っていうゲームソフト！

SST ▶ DATA ▶ 2コミュニケーション ▶ PDF 8ランキングトークワークシート

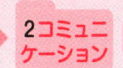

ポイント
- 「気持ち」を話すことに焦点をあてるならば、「それはうれしいレベルで言ったらいくつ？」と質問する。
- 順序立てて詳しく話すことを重視するならば、「4W1H」を意識させるなど、話題の取り上げ方や深め方を、子どもの課題に合わせて変える必要がある。

子どもの特性に応じた配慮

- 最近の出来事が思い出せない子どもや、感情の意識・自覚が極端に弱い子どもには、無理にやらせないほうがよい。思い出せない子どもの場合は、その日に一緒に体験した出来事（休み時間のドッジボールで相手にボールをあてたこと、あてられたことなど）をテーマごとに振り分けさせたり、あらかじめ保護者に連絡帳 P.164 に出来事を記録してもらっておき、指導者がその出来事を提示し、どのテーマに振り分けたらよいか質問したりすることからはじめるとよい。
- 取り上げる項目は、その子に応じたものにする。ネガティブな感情については受け止めつつ、"よくがんばった話"として肯定的なものに変えて価値づけたり、あえてネガティブなものを出させて「愚痴る」ということを意識的に経験させたりする。
- 活動の最初は、本人の好きな話題に共感する形でスタートさせ、徐々に項目を変化させて、興味関心の幅を広げさせていくことも必要である。

指導者が出来事を提示して活動をサポートする

〈うれしいランキング〉
1位　カブトムシを捕まえた　レベル10
2位　クワガタをもらった　レベル9
3位　金魚が大きくなった　レベル8

〈ざんねんランキング〉
1位　金魚にえさをやり忘れた　レベル10
2位　クワガタが逃げた　レベル9
3位　カマキリの幼虫が大発生　レベル8

君は生き物が大好きなんだね！ところで、25m泳げたんだって？これはどのランキングになりそう？

あ〜、それもうれしいと言えばうれしいことかな

活動になれてきたら、ランキングに「レベル」の尺度を追加してもよい

アレンジ・バリエーション

1 「気持ちトーク」(人の気持ちを考える)：小集団で行う場合は、まず個々で行い発表する。なんのランキングに書いたものか、その内容が自分だったらどんな気持ちがするか、レベルはいくつぐらいかなど、互いに意見交換し、「人によって感じ方は違う」という感覚をつける学習としても活用できる。

やりとりの事例

Aくん：「土・日曜日で○○というゲームを全クリアしました」

指導者：「Bくん、Aくんの今の話はどんな気持ちで、レベルはいくつだと思いますか。そして、あなたならどんな気持ちでレベルはいくつになると思いますか」

Bくん：「Aくんは"うれしい気持ち"で、レベル5です。理由は、Aくんはゲームが好きだからです。ぼくだったらレベル2だと思います。ぼくはそんなにゲームが好きではないからです」

Aくん：「正解は、"残念な気持ち"でレベル2です。理由はけっこう楽しみにしてやっと買ったゲームなのに、あっさりクリアできて物足りなかったからです」

指導者：「先生もうれしいかと思ったのですが、まさか"残念な気持ち"だとは思いませんでしたね。人によって気持ちはいろいろだということですね」

2 項目をいろいろな設定にする：ワークシートの「○○ランキング」の項目は、プラス(うれしい、楽しいなど)、マイナス(悲しい、むかつく、残念など)、将来(楽しみ、不安・心配など)、事実(運動会でやりたい種目、採集したい昆虫、行ってみたい旅行先など)というように、インデックスをいろいろな形にし、子どもの内面を引き出しやすいよう工夫するとよい。

ワークシートの例

```
ランキングトーク    月   日（名前          ）
   プラスランキング（うれしかった・楽しかったなど）
 1位_____
 2位_____
 3位_____

   マイナスランキング（悲しい・残念・むかつくなど）
 1位_____
 2位_____
 3位_____

   楽しみ、心配ランキング
 1位_____
 2位_____
 3位_____
```

column
5. 愛すべき少数派の人々

　休み時間、いつも教室でお絵かきをしている小学校3年生の男の子に、「休み時間は外で元気に遊んでほしい」と願う保護者が少なくありません。

　一方、女の子が教室でお絵かきをして過ごすことを、わざわざ問題にする保護者は少ないのが現実です。ある先生が「○○くんは休み時間1人で廊下の壁に沿って歩いている姿をいつも目にしています。寂しそうだから、クラス遊びの時間をつくって仲間に入れるようにしています」と話していたのに対し、当人は「最近クラス遊びがはじまって、ぼくのリラックスタイムがじゃまされるんです」と嘆いていました。

　私の職場では年に1回、休日に学校対抗の職員バレーボール大会があります。私は運動が好きで、率先して練習に参加し、試合に出かけるのもめんどうではありません。そんななか、このバレーボールにそれほど乗り気ではなさそうな職員も当然見受けられます。ともすると、"体育会系バリバリ"の多数派から「付き合い悪いな〜」と言った声が聞かれることもありますが、そんなとき、私は必ずこう言います。「待て、待て。もし、この職場で芸術系に長けた人がたくさんいて、『今日の17時からみなでデッサンをやりましょう！』とか、『今度の美術展にみんなで出展しましょう！』と言われたら、みなさん参加しますか？」と。こんなふうに思えるようになったのは、自閉症スペクトラム障害の子どもたちとかかわるようになってからです。

　独特な感覚がある自閉症スペクトラム障害の子どもたちの場合、「楽しかった」「うれしかった」というインデックスを1つ挙げても、「そんなことが？」と思われるような回答がしばしば見受けられます。経験の浅い指導者は、彼らを"正常化""一般化"させることを目標にしがちですが、指導者自身の常識・非常識は正しいのかということを、常に問いかける姿勢が求められるのではないでしょうか。

　そうすれば、「彼らは私に対して、いつも問題提起をしてくれる"ありがたい存在"だ」と考えることができます。そして、そうした姿勢が彼らに受け入れられたとき、いろいろな体験をともにすることができるのです。そんな経験を重ねることで、彼らが「人といるのも悪くはないな」と思えるようになっていくことが、指導の効果の一歩といえるかもしれません。こんな私は、教員のなかでは、たぶん少数派でしょう。

　しかし、私の職場では意外とそうでもなくなってきています。多数派の意識を変えるのは、少数派なのかもしれません。（中村）

コミュニケーション 9

ねらい ● 順番を守る ● 仲間にかかわる ● 自己表現 ● 協力する ●

対象 幼児 / 小(低) / **小(中)** / **小(高)** / **中学**

🕐 30分程度
👤 2〜5名

SSTすごろく

背景となる困難 応答性や相互のやりとり / 衝動性 / 他者視点の弱さ / 言語表現力の弱さ

準備する物 ▶ 📀SSTすごろくシート / 📀SSTすごろくカード(指令カード・ラッキーカード) / 📀なんでもQカード P.78 / 駒 / さいころ

この活動は? ソーシャルスキルの要素を取り入れたすごろく遊びをとおして、自己を表現すること、他者視点に気づくことなどをねらいに、さまざまなスキルを模擬的に経験させたり、知識を学ばせたりする活動です。

活動の方法

SSTすごろく

指令カード、なんでもQカード P.78 は、子どもの実態に応じて、選択または適宜作成しておく。

❶ さいころを振る順番を決める

❷ 出た目の数分、駒を進める

❸ 「指令」「なんでもQ」「ラッキー」のマスに止まったら、積まれているカードから1枚引かせる。子どもは、引いたカードに従う

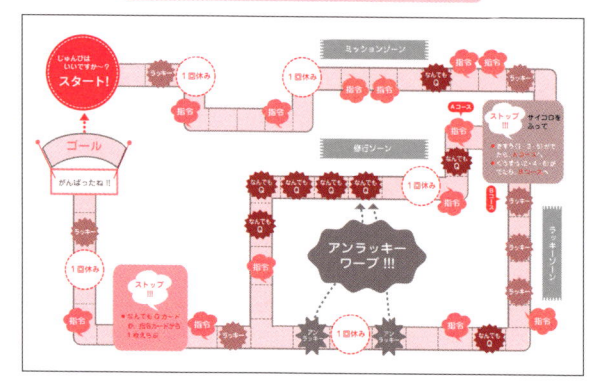

カードの例

◆ **指令カード**:「おすすめのお菓子を2つ発表しなさい」など自己表現にかかわる内容や、「人にしてもらってうれしかったことを1つ教えなさい」など、他者視点への気づきにかかわる内容など

◆ **なんでもQカード**:「最近うれしかったことは?」「友達が楽しそうに遊んでいます。自分もくわわりたいのですが、こんなときどうする?」など

◆ **ラッキーカード**:「右どなりの人にさいころを振ってもらい出た数だけ進める」「近くの大人によいところを言ってもらう」など

SST → DATA → 2コミュニケーション → [PDF] 9 SSTすごろくシート → [Word] 9 SSTすごろくカード

子どもの特性に応じた配慮

- 自己を表現することや自分の意見を伝えることが苦手な子どもがいる。そのような子どもには「パスは1回までOK」「パスをしてカードを引き直す」などと、状況に応じて配慮をする。
- 衝動性の高さや他者への注目の難しさなどを背景に、ほかの子どもが話しているときに、自分の話をはじめてしまう子どももいる。そのようなときは、だれの順番かを意識させ、勝手に駒やさいころを触ったりしないように、また、静かにその順番の人に注目し、「指令」や「なんでもQ」などを行っているようすをしっかりと見る(聞く)ように促す。事前に、「順番の人のことを見る、聞く」とルール化しておき、活動中は、「いま、〇〇くんの順番だよ」「〇〇さんが話しているね」と順番を意識させたり、他者のようすに注目するよう促していく。
- 子どもたちの課題によって、カードの内容や実施方法を変えていく。

アレンジ・バリエーション

① 「一回休みのあとは、さいころ2倍」のルールを導入：順番交代や順番待ち、失敗に対して過敏に反応してしまう子どもの場合、1回休みのあとは、さいころを2回振ってよいことにする。1回休みの損が取り戻せることを子どもに教示しておき、待つことを受け入れやすくする。子どもの実態に合わせ、「しゃべらないで静かに1回休み」などとしてもよい。

② 相互交渉が必要なカードの割合を増やす：仲間との相互交渉を経験させたい場合は、「周りにいる人にあいさつしなさい」「だれかに好きな遊びを聞きなさい」などといった相互交渉のカードの割合を多くする。ただし、対人的かかわりに不安や緊張が強い子どもがいる場合は、割合を少なくして負担を減らし、徐々に他者とのやりとりに慣れるようにする。

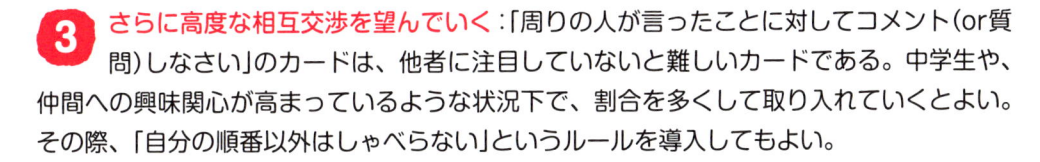

③ さらに高度な相互交渉を望んでいく：「周りの人が言ったことに対してコメント(or質問)しなさい」のカードは、他者に注目していないと難しいカードである。中学生や、仲間への興味関心が高まっているような状況下で、割合を多くして取り入れていくとよい。その際、「自分の順番以外はしゃべらない」というルールを導入してもよい。

コミュニケーション 10

ねらい ● 話し合う ● 意見を言う ● 意見を聞く ● 決まったことに従う ● 計画を立てる

対象 幼児 / 小(低) / 小(中) / 小(高) / 中学

⏱ 10分程度
👤 2〜6名

何して遊ぶ？

背景となる困難　他者意識の低さ / 他者との折り合い / 衝動性 / 言語表現力の弱さ

準備する物 ▶ 🄲 話し合いのルール掲示シート

この活動は？

休み時間や設定された遊び時間に、どんなことをして過ごすかをみんなで話し合って決める活動です。最初は、指導者が選択肢を与える形での話し合いからはじめ、徐々に**子どもたちだけで話し合えるよう**になることをめざし、指導していきます。意見を言う（提案）、相手の話を聞く、折り合いをつける、決まったことには従うなど、さまざまな話し合いスキルが必要です。これまでの学びの応用プログラムとして行うとよいでしょう。

活動の方法

何して遊ぶ？

❶ 今日はどんな遊びをするか、みんなで意見を出し合う（「今日は、おにごっこかトランプをします」「何をして遊びますか」）

❷ 「遊びの決め方」を決める
（多数決、くじびき、じゃんけん、あみだくじ、譲り合い、順番など）

❸ ②で決めた方法で遊びを決める
（「みんなで決めた遊びには従う」ということを、事前に見える形で伝えておく）

❹ 自分のやりたい遊びに決まらなかった子へのフォローをする
（「やりたかったね。でも、切り替えられてすばらしいよ」「どんまい」「次があるさ」など）

❺ 遊びが終わったあとは、みんなで決めて楽しく遊べたことを評価する

子どもの特性に応じた配慮

- 幼児や小学校低学年の場合は、「自分の意見を言う」「順番に遊びを行う」「じゃんけんで決める」といった初歩的スキルを取りあげていく。また、先生が話し合いのまとめ役、司会役になる。
- 年齢が上がれば、意見が異なったときの解決策や妥協策を考えたり、相手への配慮や折り合いをつけるといった高度なスキルを具体的に意識させ、教えていく。
- 自分の思いどおりにならないと、かんしゃくを起こす子どもがいる。その場合、その子どもの思いどおりにさせるのではなく、次へつながることばかけが重要である。みんなで決めた遊びをして「楽しかった」という思いができるよう配慮する。
- 常に譲ろうとする子どもの場合は「譲ることはすばらしい」と認めたうえで、自分の意見をしっかりと伝えることも重要だと伝えていくことが求められる。こうした子どもに対しては、まず、意見交流をしっかりとさせることが大切である。

話し合いの下位スキル

上手に話し合う

折り合う 決まったことに従う	上手に意見を言う	上手に話を聞く	状況に合わせた決め方をする
・決まったことには従う ・怒らない、文句を言わない ・意見がとおらないこともあることを知る	・ことばで意見を表明する ・提案をする（〜はどう？） ・理由を述べる	・相手の言ったことに耳を傾ける ・相手を見る ・返事や応答をする（うなずく、あいづちを打つ） ・同意や賛成をする（「いいね！」「さんせい！」）	・じゃんけん ・多数決 ・大切な意見を優先する ・妥協案・解決案を探る ・意見がとおらなかった仲間に配慮する

アレンジ・バリエーション

困難な選択肢を入れて、状況理解を促す：明らかにできそうにもない遊びを選択肢に入れ、状況理解を促すことも可能である。相手の立場で考え、意見を述べることの重要性を教える。

例① 7名グループで「オセロ」や「将棋」をする。

例② けがをしてからだを使う遊びができない子どもがいる場合には、あえて「ドッジボール」など、からだを使う遊びを選択肢に加えてみる。

仲間関係 1

ねらい ●話す ●聞く ●テーマに沿って話す ●ルールを守る

対象　幼児　小(低)　小(中)　小(高)　中学

⏱ 20分程度
👤 2～5名

自己紹介すごろく

背景となる困難　言語表現力の弱さ / 自己理解の不確かさ / 適切な量で話すことの困難さ

準備する物▶CD 自己紹介すごろくシート / 駒(こま) / さいころ / ポイントやカード

この活動は？　すごろく遊びを楽しみながら、自分のことを話したり友だちの話に耳を傾けたりする活動です。ゴールのない形式なので、勝ち負けを気にせず楽しむことができます。

活動の方法

自己紹介すごろく

❶ 先生がルールを説明する
ルール
● 考える時間は1分まで
● さいころは机の下に落ちないよう気をつけて転がす
● 質問に答えられたらポイントがもらえる

❷ さいころを振る順番を決める

❸ 順番にさいころを振って出た目の数だけ駒を進める。止まったマスに書かれているテーマの話をしたり、クイズに答えたりする

❹ 時間終了まで順番に行っていく

ポイントの与え方
● 答えるごとにポイントを与え、慣れてきたら1周ごとにポイントを与えるなど、変化をつけてもよい
● 子どもの実態に応じてポイントを使用しないなど、柔軟に対応する

子どもの特性に応じた配慮

- 言語能力が弱く、何を話せばよいか考えつかない子どももいる。はじめは、答えやすい簡単な内容のすごろくを準備し、個別に話す内容を事前に相談しておいたり、メモを見ながら話してもよいといった配慮をするとよい。
- 適切な時間で話し終えることができなかったり、話が本筋から外れてしまいやすい子どもには、「ぼく(わたし)は、○○が好きです。理由は〜だからです」などの話型を示し、話型通りに話す練習をさせる。また、時間がオーバーしないように、タイマーなどを利用して、時間を意識させる工夫も必要である。

個別に自己紹介の内容を相談しておくとよい

アレンジ・バリエーション

① ルールを付け加える：すごろくのなかに「カード」というマスをつくり、そこに止まったら問題カードを引くというルールを付け加えてもおもしろい。書かれているテーマに合った話をしたり、クイズに答えたりする(なんでもQ P.78 のカードを利用してもよい)。

② 質問のレベルを上げる：慣れてきたら、子どもの実態に合わせて、質問内容を少し負荷の高い課題にしていくのもよい(たとえば、好きな物の話だけでなく、苦手な物の話や困っていることなど)。

仲間関係 2

ねらい ●ルール理解 ●仲間にかかわる ●ことばのやりとり ●名前を覚える

対象 幼児 / 小(低) / 小(中) / 小(高) / 中学

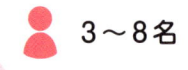

⏰ 15分程度
👤 3〜8名

ペア探し

背景となる困難 応答性や相互のやりとり / 他者意識の低さ / 他者の名前を覚えない

準備する物 ▶ 🎴動物カード P.50 / ルール表

この活動は？ 自分が取ったカードとペアになるカードを持っている相手を探して、2人組になる活動です。年度はじめのグループづくりや、年度途中でも相互のやり取りをふくらませることを狙って実施します。

活動の方法

ペア探し

❶ 床に動物カード P.50 をばらまいて置く

❷ 先生がルールを説明する

❸ スタートの合図で全員歩きはじめ、1人1枚ずつカードを取る

❹ 自分のカードとペアになるカードを持っている人を探す

❺ 相手が見つかったら、2人でいすに座り、自己紹介をする

ペア探しのルール表の例

- スタートのあいずであるく
- ひとり1まいカードをとる
- ペアになるカードのひとをみつける
- ふたりでいすにすわりじこしょうかいをする。「ぼく（わたし）のなまえは、○○です。よろしく」「よろしく」

SST ▶ DATA ▶ 3 仲間関係 ▶ Word 2 ペアカード

子どもの特性に応じた配慮

- 勝ち負けへのこだわりが強い子どもには、「競争ではなく協力が大事」ということを、事前に提示し意識させる。
- 仲間の名前を覚えるのが苦手な子どもには、仲間の名前(姓と名)をペアカードにしたり、名前と顔写真をペアカードにしたりするなどの工夫をしてみる。
- 子どもの認知や言語水準に合わせたペアカードになるように留意する。

アレンジ・バリエーション

学年や認知発達に応じて難易度や内容を変えることで、さまざまな子どもに適用できる。

ペアカードのバリエーション

❶《1つの絵》を2つに(左右に)分けたもの
　　例 動物や野菜、果物など

❷《1つのことば》を2つに(前半・後半に)分けたもの
　　例 「パイナッ」と「プル」、「リコー」と「ダー」など

❸《動物の絵》と《鳴き声》をペアにしたもの
　　例 「イヌの絵」と「ワン」、「ネコの絵」と「ニャー」など

❹ 友だちの《姓(苗字)》と《名前(下の名)》をペアにしたもの

❺《ことわざ》を2つに(前半・後半に)分けたもの
　　例 「負けるが」と「勝ち」、「急がば」と「回れ」など

❻《国名》と《首都名》をペアにしたもの
　　例 「日本」と「東京」、「中国」と「北京」など

❼《漢字》を2つに(左右・上下に)分けたもの
　　例 「偏」と「旁」、「冠」と「脚」など

❽《"裏の常識"川柳》P.108 を2つに分けたもの
　　例 「ごめんなさい！ いくらことばで言ってても」と「態度悪けりゃコラ！コラ！コラ！」など

❾ 長さが同じでペアになるヒモ、または紙

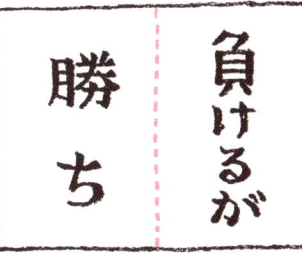

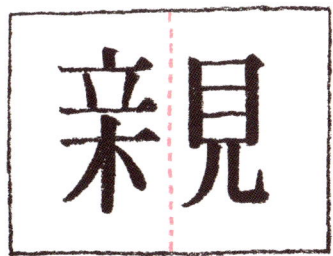

仲間関係 3

ねらい ● 肯定的にかかわる ● 仲間意識 ● 相手のようすに注意を向ける

対象 幼児 / 小(低) / 小(中) / 小(高) / 中学

⏱ 20分程度
👤 3〜8名

あったかチクチクドッジボール

背景となる困難 他者視点の弱さ / 衝動性 / 情緒不安定

準備する物▶ 💿 あったかチクチク掲示シート / 💿 あったかチクチクワークシート

この活動は？ 普段使っていることばには、「あったかことば」と「チクチクことば」があることを教え、**相手の気持ちに配慮したことばを使える**ことをめざします。指導者の寸劇、掲示物、ワークシート、実際の活動での実践などを組み合わせて、ていねいに指導していきます。

活動の方法

あったかチクチクドッジボール

❶ 先生による寸劇を見る

❷ それぞれの場面で、Bさんはどんな気持ちになったかを考え発表する。子どもの意見は先生が板書しておく

寸劇例1「あったかことば」

（A：「どんまい、どんまい」／B：「うん」）

Aさんが、風船バレーで失敗したBさんに、「どんまい、どんまい」と言うことで、Bさんの表情がにこやかになる

寸劇例2「チクチクことば」

（A：「ばーか、へたくそ！」／B：「ごめん」）

Aさんが、風船バレーで失敗したBさんに、「なにやってんの、へたくそ！」と言うことで、Bさんはさらに落ち込む

❸子どもの意見を活用し、"あったかことば（温かい気持ちになることば）"と"チクチクことば（いやな気持ちになることば）"があることを教える

❹ワークシートで「あったかことば」「チクチクことば」の区別や整理を行う

❺「あったかことばを使うこと」「チクチクことばをがまんすること」を、チームゲームで行えるようにチャレンジすることを伝える

❻ゲームのルール表を提示し、「チクチクことば」を使ったらアウトになることを意識させる

❼ドッジボール後、「あったかことばを使うこと」「チクチクことばをがまんすること」ができたかどうかを振り返る

子どもの特性に応じた配慮

- 一度寸劇、ワークシートなどで「あったかことば」「チクチクことば」を学習したら、その後日常場面に実践する機会を取り入れ、確実に定着できるようにする。
- 幼児や低学年のうちは、「あったかことば」と「チクチクことば」の区別をはっきりとつけて教える。小学校中学年以降になったら、どんな場面でも「あったかことば」を言えばよいという単純なものではないことや、「あったかことば」と「チクチクことば」は一概に区別できず、同じことばでもＴＰＯや言い方によって"あったか"になったり、"チクチク"になったりすることを理解させる必要がある。
- 高学年では、「チクチクことば」によって傷ついた経験をもつ子どももいることから、周りの人にじっくりと自分の話を聞いてもらえる場面を設定し、その子どもの気持ちに共感しながら、ていねいに支援する。

アレンジ・バリエーション

チームプレイを取り入れる：風船バレーなどチームプレイが必要なもの、ペアでボウリングなど連帯責任が問われるものなど、さまざまな場面で「あったかチクチクことば」を練習できる。「あったかことば」の使用と「チクチクことば」のがまんが問われるもので、子どもたちが楽しめる活動ならなんでもよい。

仲間関係 4

ねらい ● 状況理解 ● 相手のようすに注意を向ける ● 周りに合わせる ● 自己を振り返る

対象 幼児 / 小(低) / **小(中)** / **小(高)** / **中学**

⏰ 30分程度
👤 2〜8名

やりスギちゃんを探せ

背景となる困難 不注意 / 衝動性 / 他者意識の低さ / 他者視点に立てない

準備する物 ▶ 台本 / ビブス(寸劇用) / 🆑 やりスギちゃん提示シート・いいね！提示シート / 🆑 やりスギちゃんを探せワークシート

この活動は？

発達障害などがある子どもたちの社会的な困難の1つに、場に応じた行動の調整の難しさがみられます。日常生活で起こりがちな状況を、先生(指導者)による寸劇で「やりスギちゃん」として取り上げることで、今後の生活に生かせるような指導場面を子どもたちと共有し、**場に応じた対応、自身の行動のモニタリングを促す**活動です。

活動の方法

やりスギちゃんを探せ

❶ 先生による寸劇を見る。劇の内容は、Aくんがある場面で度の過ぎた行動(「やりスギちゃん」と呼ぶ)をとるもの

❷ 劇を見終わったあと、どのようなことが起きていたか、みんなで劇の内容を確認する(寸劇では、どこが「やりスギちゃん」なのか、どうすれば「いいね！」になるのか考えさせ、手を挙げ発表してもらう)

寸劇例1「声が大きスギちゃん」

本人は気づいていないけれど、声が大きすぎることで、周りの人がうるさいと感じたり、不快に思ったりしているケース

❸必要に応じて、指導者が再び演じてみたり、子どもに「いいね！」案をロールプレイしてもらったりする。提示シートも黒板に貼るなどして活用していく

❹まとめを行う。日ごろ、子どもたちにありがちな「やりスギちゃん」について意見を聞いてみたり、指導者が実際の場面を取り上げたりして、自分の「やりスギちゃん」に、自分で気づけるよう促す

ポイント
- 活動の大前提として、指導者(先生)と子どもの間に、生産的な雰囲気ができていることが重要である。
- 寸劇は、Aくん(スギちゃん)には悪気はないのに、うまくいかないという設定で行う(子どもたちのなかから「Aくんは悪くない。相手が悪い」といった発言が出ることも想定しておく。その場合、「確かに一理あるけど、このままではうまくいかないね。うまくいかせるためにAくんはどうしたらいいかな？」ということに目を向けさせるとよい。
- 台本をつくるときに、そのほかの登場人物に、限りなく非がないようにしておくことも重要である。そうしないと、テーマの焦点がぼやけてしまうおそれがある。

寸劇を見終わった後の意見交換
- 劇中のどこが「やりすぎ」だったのか、どれくらいだったら許容されるのかを話し合う。また、日常生活で感じている「やりすぎ」、寸劇を見たことで気づいた「やりすぎ」がないか、みんなで意見を出し合うとよい。

寸劇例２「からだ触りスギちゃん」

本人に悪気はないが、親しみを込めたスキンシップのつもりで、友だちのお尻や背中を強くたたいたり、プロレス技をかけたりすることで、友だちが困惑したり、不快に思ったりしているケース

子どもの特性に応じた配慮

- 情緒的な課題を抱えている子どもの場合、課題に直面させると負荷がかかりすぎるため、この活動はふさわしくない。
- 取り上げる内容は実態に応じたものが望ましいため、子どもの実態やグループの仲間関係の状況に配慮して、若干場面を変えたりといった工夫が必要である。
- 指導者が「このとき、ほかの人はどんな顔をしていた？　どんな気持ちだろう？」という他者の視点を意識する声かけをしていくことで、他者意識の低い子も、他者の視点に立つことができるようになる。
- 指導後、同じような場面を見かけたとき、「○○くん、"声が大きスギちゃん"だからやり直してごらん！」などと言うと、人当たりがやわらかくなり、子どもも注意を受け入れやすくなる。

column
6. 通級の担任だからできること、やるべきこと

　社会性の課題がみられる子どもに起こる問題には、「ほかの子どもも似たようなことはやるけれど、度が過ぎる」という問題（周囲から理解されやすい）と、「ふつうはそんなことやらない」という問題（周囲から理解されにくい）の2種類があります。どちらも根底には、状況理解の弱さ、他者視点の弱さが関連しているといえます。

　一方、通常の学級で、集団に所属する通級児を受け持つ担任から、「彼らの何を許容し、何を指導すべきか」という"線引き"が難しいという話を聞きます。基本的には、通常の学級での指導は「配慮指導」が中心であり、通級などでの指導は「障害の改善・克服をめざす指導」を重視すべきでしょう。

　彼らがうまく適応しているときは、学級の集団づくりの視点により重きが置かれ、彼らの独特な言動は"ユニークさ"や"個性"として許容され、認められる状況がみられます。たとえば、「声が大きすぎる」といった問題も、「うれしいときは、だれでもつい盛り上がっちゃうよね」と共感的に受け止められるものです。

　逆に、「特別扱いはできない」「ほかの子どもにそんながまんはさせられない」といった場面も起こり得ます。表面上は大きな問題が起きていないようにみえても、課題が未解決のまま年が重ねられ、進級・進学のタイミングで課題が表面化したり、周囲の子どもからの風当たりが強くなったりして、不登校などの二次的問題に発展するケースもあります。

　基本的には、彼らを取り巻く環境が、互いの違いを許容し合える生産的な集団であることが望ましいことは間違いありません。そのなかで取り上げるべき課題が何かということを、慎重に吟味しなければならないといえます。

　足の速い子どもが「ぼくは、かけっこは好きだけど、リレーは嫌い。だって、リレーはのろまが足を引っ張るせいで1位になれないから」という本音を、口に出してしまうようなこともあります。このような発言は、通常の学級のなかでは許容されないでしょう。こうした発言があったとき、「そういうことは言うべきではない」と指導するだけでは、根本的な解決にはつながりません。彼らの本音を表明させ、まず、共感することが通級の場には必要だと考えられます。そして、共感からスタートし、その一方で他者を意識させ、行動レベルで改善しようという気持ちにさせていくことが、指導上の大きなポイントだといえるでしょう。（中村）

仲間関係 5

ねらい ● 意見を言う ● 他者視点に立つ ● 周りに合わせる ● 柔軟に考える ●

対象 幼児 / 小(低) / 小(中) / **小(高)** / **中学**

⏱ 5分程度
👤 2～10名

かぶらナイス！

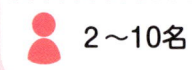

背景となる困難 他者視点に立てない / 心の理論 / ジョイントアテンション

準備する物 ▶ ミニホワイトボード（人数分） / 💿 かぶらナイス！お題集

この活動は？ 複数の解答者がお題に合わせて連想するものを書き、その答えがだれとも重複しなければOK（ナイス！）という内容です。多数派の意見を避けたり、みんなが選ばないだろうと読んで、あえて多数派の"ど真ん中"の解答を選んだりするなど、**他者の視点に立ち、ほかの人の答えを想像する**活動です。

活動の方法

かぶらナイス！

❶ 先生が「今から言う"お題"を聞いて、思いつくものを3つ書きましょう」と説明し、同時にお題を書いたフリップを提示する

お題の例
● 「色と言えば…○○」

❷ それぞれが、ほかの人が書きそうにないものを1つだけ選んで書く

❸ 選んだ1つを順に言っていき、答え合わせをし、何人の人とかぶらない（重ならない）かを競う。かぶらなければ『かぶらナイス！』

ポイント
● 選んだ答えを発表していくときに、かぶらないことだけを評価するのではなく、結果的にかぶったとしても、なぜそれを選んだかの理由を聞いて評価することが大切である。
● よい答えだった人には、ポイントを与えるなど工夫してもよい。

（吹き出し）"色"といえば…？ / ぐんじょういろ！ / セルリアンブルー / みんなが選びそうにない色かなぁ… / あえての青！

SST ▶ DATA ▶ 3 仲間関係 ▶ Word 5 かぶらナイスお題集

子どもの特性に応じた配慮

発達障害の子どもは、発想が独特であることが多く、自然に思いついたものが「かぶらないもの」であったりする。その場合は、「君は最初から『かぶらナイス』だね！」と伝えると同時に、「どうやら君は少数派だね！」と言って、あなたの「ふつう」は多数派の「ふつう」とはちょっと違うということを意識させておくとよい。そうした認識が、日常のなかで起こっている「人とのズレ」についての話題を持ち出すきっかけになる。

アレンジ・バリエーション

❶ いろいろなお題を出す：例題の出し方にはいろいろなバリエーションがある。「果物」というお題で果物の名前を答えさせるストレートな出し方から、「夏」「冬」というお題で、季節のイメージから連想させるものを答えさせる出し方など、いろいろなお題にチャレンジしてみるとよい。

お題の例
- 「果物と言えば？」「野菜と言えば？」
- 「夏と言えば？」「冬と言えば？」
- 「学校にあるものと言えば？」「教室にあるものと言えば？」

❷ チーム戦にする：チーム内で話し合い、代表の解答を１つに絞り込むやり方もある。話し合うなかで、理由を言う、多数派の意見・少数派の意見を理解する、譲る、説得するといったスキルも必要となるため、話し合いのための活動にもなる。チーム戦にする場合には、隣のチームの話し声が聞こえないような場の設定が必要になる。

チーム戦にして、話し合って解答する

103

仲間関係 6

| ねらい | ●周りに合わせる ●肯定的にかかわる ●話し合う ●気持ちを表現する● |

| 対象 | 幼児 | 小(低) | 小(中) | 小(高) | 中学 |

🕐 20分程度
👤 4〜8名

みんなの意見deそれ正解！

背景となる困難　他者視点に立てない / 他者意識の低さ / こだわり

準備する物 ▶ ミニホワイトボード（人数分）／ CD「なるほど！」札・「なんで？」札／ CD みんなの意見deそれ正解！お題集

この活動は？　与えられたお題の解答を、子どもたちがそれぞれフリップ（小さめのホワイトボード）に書いて、自分の意見を発言したり、仲間の意見を聞いたりする活動です。**友だちがどんなことを考えるかを想像し、自分と他者の思いの違いを感じる**ことを重視します。仲間関係がある程度深まった時期や、他者への安心感が持てる状況下で、グループで取り組むとよいでしょう。

活動の方法

みんなの意見deそれ正解！

❶ 先生がルールを説明する

ルール
- 「友だちと合わせる」という意識を持つ
- 「ふつうは（一般的には）」と考えて記入する
- 友だちの解答を否定しない

❷ 先生からお題（「"か"のつくおいしいものは？」など）が与えられたら、子どもたちは自分の解答を友だちから見えないようにフリップに記入する

❸ 先生から指名されたら、フリップをみんなに提示し、解答を口頭で伝える

❹ 自分と同じ解答をだれかが発表したときは、自分もフリップをみんなに提示する

❺ 発表された解答と違う答えの人は、友だ

ちの提示した解答に対し、「なるほど！」または「なんで？」の札を提示する。「なんで？」の札を挙げた人はその理由を述べる

❻全員の解答が提示されるまで繰り返す

❼みんなで話し合い、「それ正解！」（1つの正解）を決める

ポイント
- 友だちの意見に同調できたときには、しっかりほめたり、認めたりする。自分の思いを表現することや、「それ正解」でなくても譲ることを経験させる。基本的に子どもたちが「相手に合わせよう」という意識がもてるように留意する。
- 必要に応じて、先生が話し合いの流れをつくることも必要である。解答を考えることを楽しませることが重要であり、子どもの自由な発想を妨げないようにする。
- お題や話し合いの流れなどは、子どもの実態に合わせ調整する。
- なぜ友だちがそう思ったのかに思いを巡らせることがポイントである。「なるほど」と思っても理由が違うこともある。「なんで？」の札は、相手の意見を否定するものではなく、理由を聞くためのものである。「違ってもいい」という思いを抱かせることが大切である。

子どもの特性に応じた配慮

- 言語表現が苦手で、理由や自分の意見がうまく出せない子どもの場合は、先生とのやり取りを中心に行い、無理に引き出すことはしない。フリップに書くことで、自分の意見を表現できたと認める。また、「なるほど！」札、「なんで？」札を示す形で、意思表示してもよいことにする。
- 他者からの評価に強い不安を持ち、なかなか参加できない子どもの場合は、正解を決めるということを行わず、意見交流を重視した活動を行う。相手に同意することができれば、それでよしとする。
- 過剰に同調してしまう子どもの場合は、自分の意見を主張できることが大切だと伝え、優先順位を示してあげるとよい（①自分の意見→②友だちの意見を取り入れる）。

アレンジ・バリエーション

❶ お題を考えさせる：お題を、子どもたちに考えさせるのもおもしろい。その際、子どもの豊かな発想を目の当たりにし、認めることができるか、それとも一般性を強く求めてしまうかは、教師の力量が問われるところである。

❷ 子どもに進行を任せる：司会を決めて、話し合いの活動を子どもだけで行わせる。

❸ 最後は全員の意見が合うように工夫する：全員で「それ正解！」と思えるようなものに集約していく。

お題カード

厚紙に印刷し、リングで綴じて使用する

お題の例

◆ レベル1【具体的なもの】：「そろったぞ！」という感覚を得やすいもの
  ● 「あ」ではじまるおいしいもの ➡ 正解例：アイス、あんみつ、あんこ、あめ玉

◆ レベル2【抽象度の少し高いもの】：「悩むなあ」と思うもの
  ● 「し」ではじまる学校にあるもの ➡ 正解例：職員室、視聴覚室、新聞、指揮台、宿題

◆ レベル3【個人的な感情に左右されるもの】：「ぼくの場合は…」などと主観が混じるもの
  ● 「モテる男」の条件とは？ ➡ 正解例：やさしい、かっこいい、スポーツが得意

◆ レベル4【発展的に行う題材】
  ● 「○○くん」のいいところは？ ➡ 正解例：やさしい、字が上手、人を笑わせるのが得意

---

column

7. 自己を育むことの大切さ

　他者は、鏡となって自分の在り方や行為を反映し、その人の自己を映しだします。つまり、我々は他者とのかかわりのなかから、自己イメージを形成していきます。発達障害、特にASD（エーエスディー）のような社会性の苦手さがある子どもの場合、生まれてすぐの早期であっても他者とのかかわりが薄く、結果的に相互交流の経験も乏（とぼ）しいまま成長してしまうことがあります。このような他者との交流経験の不足が、自己認識や自己・他者関係の成長を、さらに遅らせることにつながっている場合があります。
　さて、特別支援学校学習指導要領の自立活動の内容には、近年新しく「人間関係の形成」が加わりました。集団参加や他者とのかかわりについての項目に並んで、「自

己の理解と行動の調整に関すること」が盛り込まれ、さらに、自己理解や自己選択、自己調整など、自己に焦点が当たっていくことになるでしょう。

　どのような自己を育むべきなのか？　これまでの先達(せんだつ)の教育実践や臨床実践から、また、青年期、成人期に達した発達障害のある方々の状況から、いくつか大切に育むべき自己が見えてきます(下記)。自己は、親や友だちとの関係だけでなく、指導者との関係からも育まれていきます。

【①学びの主体としての自己(主体的自己)】
　自閉症傾向が強くない子どもたちや、知的に遅れのない子どもたちは、人の援助があるにせよ、自分で考え、理解し、自分の人生を自分の足で進んでいくことが望まれます。特別な支援や指導を受ける際には、なぜこのような支援が必要なのか、何を学ぶべきなのか、どうすればよりよく生活できるようになるのかなど、指導者や相談員とともに考え、理解しておくことが必要でしょう。指導の入り口の際だけでなく、指導している時期、終結となる時期においても、子どもの変化、成長を、具体的な体験レベルで子どもと共有していくことも、子どもの自己理解とともに学びの主体性を育むことにつながります。

【②他者とともに歩める自己(間主観性)】
　さまざまな不器用さをもっている子どもたちは、今後も特別な支援や福祉サービスを受けることがあるかもしれません。そうでなくとも、仲間や上司、配偶者といった、身近な他者からのアドバイスなども必要となるでしょう。独りよがりにならずに、他者と折り合える、差し伸べられた手を受け取れるなどは、後々の生活を考えると学ぶべきライフスキルと言えます。小手先のスキルを100個知っていることよりも、他者のアドバイスを受け取れることのほうが重要です。

【③自分と折り合える自己(柔軟な自己概念)】
　こだわりやすさ、完璧主義、失敗への懸念など、発達障害の子どもは、自分自身との折り合いがうまくつかないことがあります。思春期、青年期には、こだわりや固定的な自己イメージ、診断ラベルに縛られてしまい、身動きが取れなくなったり、自分を追い込んでしまったりすることでしょう。

　世の中に流布(るふ)する診断名や、自分の中にある自己イメージは、意外と流動的であいまいな部分があります。"まぁいいか"と肯定することができること、診断名よりも自分の特性を柔軟な形で理解できていることなど、子ども本人の自身の捉え方の支援も、学齢期後半から思春期にかけて重要となるでしょう。(岡田)

仲間関係 7

"裏の常識"川柳

- **ねらい**: ●状況理解 ●自己を振り返る ●暗黙のルールの理解 ●肯定的にかかわる
- **対象**: 幼児／小(低)／小(中)／小(高)／中学
- **時間**: 15分程度
- **人数**: 個別～10名
- **背景となる困難**: 暗黙の了解の悪さ
- **準備する物**▶ビブス(寸劇用)／CD "裏の常識"川柳カード／CD "裏の常識"川柳ワークシート

この活動は？
発達障害のある子どもは、暗黙の了解がわかりにくかったり、他者の視点に立った思考が苦手だったりするため、不適切な行動を重ねて失敗を繰り返すことがあります。そうした暗黙の了解を"裏の常識"とし、川柳仕立てにして覚える活動です。"裏の常識"を知識として理解したうえで、さらに、**実際の生活場面で生かせる**ことを目的とします。

活動の方法

"裏の常識"川柳

❶ 先生による寸劇を見る(「やりスギちゃんを探せ P.98 」参照)

❷ 寸劇のなかのAくんについて、「何がよくないのか、どうすればよいのか」を考えて、ワークシートに答えを記入する

❸ 「自分はAくんのようになったことがあるか」を考え、自分の経験に照らし合わせてみる(ここで重ねられるかどうかは、自分を客観的に捉え、評価することにもなる)

寸劇例「始業のあいさつ(号令係のAくん)」

(Aくん:「気をつけー！」 → 「おい！ちゃんと気をつけしろよ！ばか！」)

❹不適切モデルから得られた"裏の常識"を「今日の川柳」として覚える

寸劇鑑賞後の話し合い

（今日の川柳：よいことも 言い方違えば 悪いこと）

- Aくんのどこがよくなかったかな？
- 言い方が悪かったと思います！
- 怒っていたのがよくなかったです！

そのほかの川柳・短歌例
- 「コラ1つ、うそを重ねてコラ！コラ！コラ！」
- 「うそをつき、その場はうまく逃れても、信用なくなり友だち消える」
- 「失敗は、だれでも必ずあるものです。大切なのは謝ることと後始末」
- 「ごめんなさい！ いくらことばで言ってても、態度悪けりゃコラ！コラ！コラ！」
- 「ごめんなさい、上手に謝り許しても、改善なければ怒り倍増」
- 「話し合い、意見合わない当たり前、多数に合わせて話進める」

子どもの特性に応じた配慮

- 情緒的な課題を抱えている子どもの場合、課題に直面させると負荷がかかりすぎることもあるため、活動の導入には十分な配慮が必要である。
- 取り上げるテーマは実態に応じたものを工夫する。
- 他者意識の低い子どもに対しては、指導者が「この場面で、ほかの人はどんな表情をしていた？」というように、他者視点を意識させるよう声かけが必要となる。
- 指導後、同じような場面が実生活で起こったとき、「○○くん、『よいことも言い方違えば悪いこと』だよね」というように、川柳にして言うと、子どもも注意を受け入れやすくなる。

アレンジ・バリエーション

❶ かるたで覚える：かるた遊び（"裏の常識"川柳カードをかるたにしたもの）によって、"裏の常識"を日常的に耳にして覚えるようにする。ことばで覚えておくと、実際の場面で取り上げやすくなる。

❷ 目に付くところに掲示する："裏の常識"川柳を巻物のようにして書き、教室の後ろの壁などに掲示しておくと、子どもが日常的に目にすることができる。

❸ ノートに書き取る：子どもたちに「裏の常識ノート」を持たせて、活動でつくった新しい川柳をそのつど書きためさせるようにする。問題やトラブルが起こったときに、それにまつわる川柳をノートを見て確認する。

巻物にして教室に掲示する

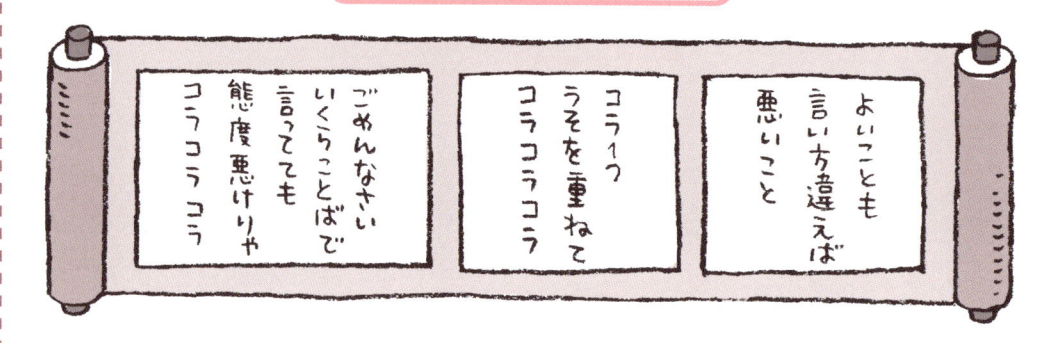

- よいことも 言い方違えば 悪いこと
- コラ1つ うそを重ねて コラコラコラ
- ごめんなさい いくらことばで 言ってても 態度悪けりゃ コラコラコラ

川柳ノートで振り返る

「まさに、『ごめんなさい いくらことばで 言ってても 態度悪けりゃ コラコラコラ』だよね！」

「これ、前にやったやつだね」

column
8. 診断がついて……？

　ここ数年、特別支援教育が進み、教育現場において変化を実感します。その1つは医療機関での診断をもらうことへの抵抗感が、随分なくなったということです。
　そんななかある保護者は、「この子はＡＤＨＤなので無理に座らせないでください」とか、別の保護者は「この子は自閉症スペクトラム障害なので、意地悪なことを言ってもしかたないんです」と言います。さらに、ある先生は「あの子はＡＤＨＤなので無理に参加させなくてもいいんです」と言います。わかるような話ですが、どこか「？」と思ってしまいます。先日、音楽の先生とこんな会話がありました。
　音楽の先生：「〇〇くんは音とか苦手なんですかね？　歌を歌うときに、うるさくて気持ち悪いって言うんですけど……」
　私：「音楽の授業は特殊な場面ですからね。自閉症スペクトラム障害という診断が出ているので、音の過敏性があるかもしれません。配慮してあげてもらえますか？」
　こんなやりとりでその場は終わりましたが、私の返事に音楽の先生がしっくりしていないようすが気になったので、次の日に改めて聞いてみました。すると、その先生は「音に敏感な子がいることは理解できるし、配慮してあげたいとも思う。でも、その子に『無理に歌わなくていいから、座っていなさい』と伝えたのに、壁にもたれてフラフラ歩いたり、キョロキョロしたり、まるで遊んでいるようにしか見えなかった」と言うのです。音楽の先生が気になっていたのは、「感覚過敏」の問題ではなく、「具合が悪い人が見せるべき適切な態度」という問題だったのです。そうなると話は別です。「たぶん、彼は自分が不適切な態度をとっているという自覚がないと思いますよ」と伝えました。その後、私の助言どおり、その先生が彼を呼び、「歌わなくてもいいが、壁にもたれるのと、キョロキョロするのは止めるように」と伝えると、次の時間から適切に参加できるようになったとのことでした。
　さて、本題に戻ります。「診断」っていったいなんなのでしょうか。少なくとも学齢期の発達途上の子どもたちと接する大人が、この診断によって彼らの発達を阻害するようなことだけはしてはなりません。特に、社会性というものは、相手次第で変化するものです。正しい知識と理解、受け入れる部分と教える部分、周りが調整する部分、彼らが調整する部分、それぞれ違います。大切なのは、子ども1人ひとりに合わせた適切なアセスメントということに尽きるのかもしれません。（中村）

仲間関係 8

ねらい ● 肯定的にかかわる ● 感謝を伝える ● 自己理解 ● 他者理解 ● 仲間意識

対象 幼児 / 小(低) / 小(中) / 小(高) / 中学

⏱ 20分程度
👤 2～10名

いいね！カード・ありがとうカード

背景となる困難 他者視点に立てない / 自尊感情の低さ / 自信のなさ

準備する物▶ 活動の方法❶ CD いいね！カード、活動の方法❷ CD ありがとうカード / ありがとうカード台紙

この活動は？
友達のよいところやがんばっているところを探し、メッセージカードに記入する活動です。発達障害のある子どもは、他者への関心が低かったり、他者の視点に立ちにくかったりすることがあります。**他者を理解したり、他者の視点や評価を情報源にしたりして、自分自身のイメージを形成する**ことを促す活動です。

活動の方法❶

いいね！カード

❶ 先生と一緒に、グループのメンバーそれぞれの趣味、興味・関心、外見、特技などについて、「いいね」と評価できるところを見つけて、「いいね！カード」に記載する

❷「いいね！カード」をメンバーそれぞれに渡す。仲間の自己PRポスターに貼り付けたり、「聖徳太子ゲーム」 P.115 で贈呈してもよい

ポイント
自己紹介すごろく P.92 など、仲間関係や情緒・自己の領域の活動後、またグループ活動がある程度進み、仲間のことを知ることができたあとだと作成しやすい。

「いいね！カード」の記入例

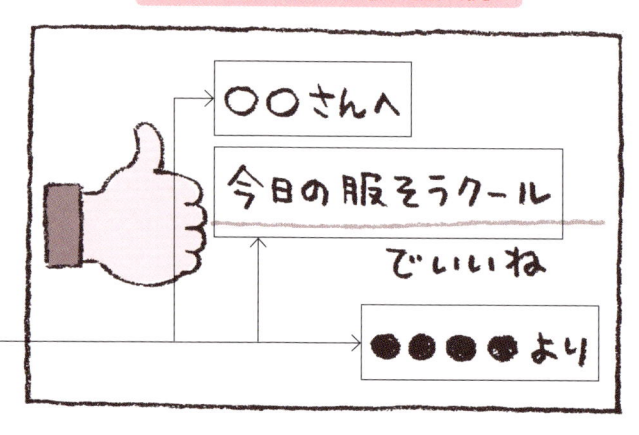

○○さんへ
今日の服そうクール
でいいね
●●●●より

子どもたちが記入する

活動の方法❷

ありがとうカード

❶ 友だちのよいところ、がんばっていたと思うことをみんなで出し合い、それぞれの子どもについて出されたよいところを、指導者が紙に箇条書きにしてまとめる

❷ 友だちのよいところが書かれた紙のなかから、その友だちに伝えたいことばを選んだり、考えたりして、「ありがとうカード」にメッセージを記入する

❸ メンバー全員のカードを集めて「ありがとうカード台紙」に貼る（メンバー全員分作成する）

❹ 「贈呈式」を行い、1人ひとりに「ありがとうカード台紙」を、メッセージを読みながら渡す

ありがとうカードの記入例

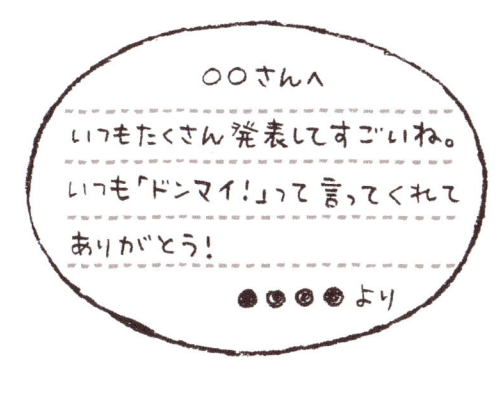

〇〇さんへ
いつもたくさん発表してすごいね。
いつも「ドンマイ！」って言ってくれて
ありがとう！
●●●●より

ありがとうカード台紙の例

〇〇さん
ありがとう

子どもの特性に応じた配慮

社会的コミュニケーションに弱さがあり、他者意識が低い子どもの場合、友だちのよいところやがんばっていたところがなかなか思いつかないことがある。そうしたケースでは、個別の時間を設け、メッセージを指導者と作っておくとよい。保護者の協力が得られる場合は、宿題にしてメッセージをつくっておいてもらうのもよい。

アレンジ・バリエーション

❶ いろいろな方法で、友だちのよいところ、がんばっていたところを出し合う

例❶ ブレーンストーミング風

よいところをあげてもらう子ども（Aくん）を前に座らせる。「Aくんのがんばっていたこと、よいところをできるだけたくさんあげて」と指導者が指示し、ランダムに発表してもらう。

例❷ 短冊に記入する

短冊にがんばっていたこと、よいところをたくさん書いていく。

例❸ 紙を回して書く

よいところをあげてもらう子どもの名前が書かれている紙をほかの子どもに順番に回し、がんばっていたことやよいところを書き加えていく。

❷ 「聖徳太子ゲーム」によるカードの贈呈：それぞれがグループの仲間全員に対して、メッセージカード（「いいね！カード」や「ありがとうカード」）を作成する。メッセージカードを受け取る子どもが、1人ずつ前に出てきたら、ほかの子どもたちが同時に声をそろえて「〇〇くん、〜でいいね（ありがとう）」と、各自が書いたメッセージ内容を伝える。メッセージを受けた子どもは、それぞれがどんなメッセージを言ったかを当てる。メッセージを当てられた人は、カードを贈呈して抜けていく。当てられていない人は、再度声を合わせて、メッセージを伝えていく。全員が当ててもらえるまで、これを繰り返す。メッセージを伝える側が照れくさくなってしまいがちなプログラムなので、指導者はメッセージの内容よりも、当てられるかどうかに焦点を当てて取り組むとよい。

column

9. 発達障害のある子どもの自己形成

　発達障害のある子どもは、他者への関心が低かったり、相手の反応やようすを取り入れにくかったり、他者の視点に立ちにくかったりします。特に、自閉症スペクトラム障害や社会的コミュニケーションの障害（もしくは苦手さ）がある子どもは、このような社会性や双方向のコミュニケーションに困難があります。

　そのような子どもたちは、その困難のぶんだけ他者とのやりとりから自分の行為や価値観について意識することや、他者の評価を情報源にして自分自身のイメージを形成することに困難があると考えられます。そのときどきの断片的なエピソードで自己イメージが揺らいだりするため、自己概念について一貫性や安定性にかけているようです。そのため、単に「自尊心を高める」「ほめて伸ばせばよい」というだけでは、発達障害の子どもの自己や情緒の成長は図れないと考えられます。

　他者と時間・空間・活動を共有し、不安になったり追いつめられないかたちで他者からの評価を受け取り自分のことを捉えたり、他者に歩み寄り相互交流を図れるような経験を積める指導・支援をとおして、自分自身の主体性や他者の主体性を感じ取れるような「相互主体的な自己感」を育んでいきたいものです。

　ＳＳＴは、スキルを教え、うまくできるようにし自信をつけていくというアプローチですが、スキルを教える視点以外にも、仲間との交流や関係性の構築、他者視点や他者評価の取り入れ、お互いの主体性（感じ方、考え方など）が意識される場の設定などの観点も必要だといえます。（岡田）

情緒・自己 1

ねらい ● 感情語の理解 ● 感情の認識 ● 気持ちを表現する ● 他者視点に立つ ●

対象 **幼児** 小(低) 小(中) 小(高) 中学

⏱ 45分
👤 1～10名

気持ちツリー＆きもちくんクイズ

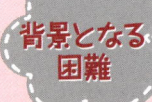

背景となる困難 自己表現力の弱さ / 感情認識の弱さ / 感情コントロールの困難 / 他者視点に立てない

準備する物 ▶ 活動の方法❶ CD気持ちツリーシート / CD気持ちの葉、活動の方法❷ CD気持ちツリーシート / CD気持ちの葉 / きもちくん / 正解の輪(紙やひもなどで用意する) / CDきもちくんクイズ問題シート

この活動は？ みんなで気持ちを表すことばを出し合い、気持ちツリーを作成します。そのあと、1人ずつ自分の気持ちをクイズ形式で出し合う活動です。クイズをとおして自分の気持ちを落ちついて表明する、仲間の気持ちを聞くスキルを身につけていきます。

活動の方法❶

気持ちツリー

❶「気持ちツリー」と「気持ちの葉」を用意する

❷「気持ちの葉」は、葉の形に切った色画用紙などに、いろいろな気持ちを表すことば(うれしい、悲しい、怒る、残念、心配、後悔、うらやましいなど)を書く

❸「気持ちの葉」を「気持ちツリー」に貼っていく。似たような気持ちは、近くに貼るよう指導するが、あまり厳密にせず「だいたい」でよいことも意識させる

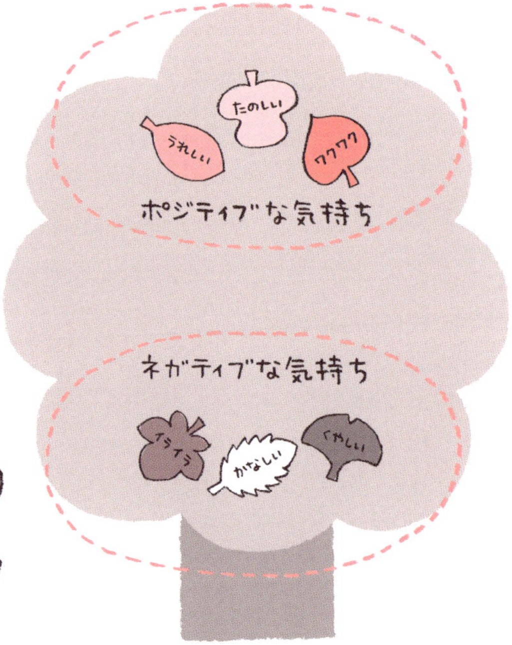

| SST | DATA | 4 情緒・自己 | PDF 1 気持ちツリーシート | PDF 1 気持ちの葉 | PDF 1 きもちくんクイズ問題シート |

活動の方法❷

きもちくんクイズ（重なる気持ちクイズ）

❶ 完成した「気持ちツリー」 活動の方法❶ を使って、「きもちくんクイズ」（あるエピソードについて、本人がどんな気持ちになったかをみんなで想像して当てる）をすることを説明する

❷ 自分の「きもちくん」の表に顔、裏に名前を書き入れる

❸ それぞれ、「きもちくんクイズの問題シート」に、エピソードと答えを書き入れる。必要に応じて、事前に個別指導で作成したり、宿題にしておいたりするのもよい

❹ 気持ちツリーをみんなで囲み、まずは、先生が出題者になって、出題のモデルを示す
- 発表タイム（各自、エピソードを発表する）：1分程度
- 質問タイム（「質問はありますか？」とみんなに聞く）：1分程度
- シンキングタイム（考える時間をつくる）：30秒程度
- 「きもちくん」で解答する（自分の「きもちくん」を予想した「気持ちの葉」の上に置く）
- 答え合わせ（出題者は、正解の「気持ちの葉」に輪を置く）

❺ それぞれ、順番に出題者になってクイズを行う

正解の輪を、気持ちの葉の上に置いた状態
3〜4個のきもちくんが入る大きさで作る

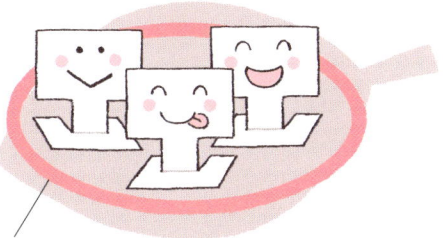

きもちくん
表：顔を描く　裏：名前を書く
1枚の葉の上に3〜4個置ける大きさにする

子どもの特性に応じた配慮

- 指導者が具体的なエピソードを挙げ、「かけっこで負けたときどんな気持ちだった？」などと言って考えさせ、あらかじめ選択肢 P.119 を提示しておく方法もある。
- 振り返りでは、「自分の気持ちを落ちついて話すことができると、気持ちいいし、気持ちが楽になる」「いやな気持ちやうれしい気持ちは、親や先生や友だちに、穏やかに言えるといいね」ということを教示する。

情緒・自己
2

ねらい ● 感情語の理解 ● 感情の認識 ● 気持ちを表現する ● 自己を振り返る ●

対象 幼児 / 小(低) / 小(中) / 小(高) / 中学

🕐 20分程度
👤 3〜8名

気持ちでビンゴ

背景となる困難 想像性の弱さ / 自己表現力の弱さ / 感情認識の弱さ

準備する物 ▶ 🎬 気持ちでビンゴシート / 🎬 気持ちのことば集

この活動は？ 「気もちのことば」を理解し、そのことばと自分が経験したことを結びつけて話すゲームをビンゴ形式で行います。ゲーム性を取り入れることで、友だちと楽しい雰囲気がつくれ、そのなかでお互いの経験を伝え合ったり、共感し合ったりする経験も積むことができます。

活動の方法

気持ちでビンゴ

❶ みんなで、「気持ちのことば」をたくさん集め、それぞれビンゴシートのマスに記入する

❷ 1人ずつ順番に、「気持ちのことば」と、その気持ちになったときの自分の経験を話す

❸ ほかの人が話した内容を聞いて、自分が感じたビンゴシート上の「気持ちのことば」を○で囲む。再び自分の番がきたときは、ビンゴがそろうように考えながら、エピソードを話す

❹ 最後に、ビンゴがいくつできたか、リーチがいくつできたか、結果を発表し合う

うれしい	すごい	あせる	むずかしい
かなしい	たのしい	うらやましい	こわい
ビックリ	はずかしい	いいと	くやしい
かわいそう	あんしん	さびしい	イライラ

きのう、学校に来る途中、友だちのお母さんだと思ってあいさつしたら、全然知らない人だった。ちょっとはずかしかったよ。

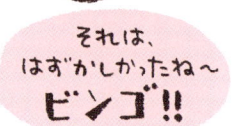

それは、はずかしかったね〜
ビンゴ!!

SST ▶ DATA ▶ 4 情緒・自己 ▶ Word 2 気持ちでビンゴシート ▶ PDF 2 気持ちのことば集

子どもの特性に応じた配慮

- 「気持ちのことば」がなかなか集まらないときは、シートに記入する「気持ちのことば」をあらかじめ決めておき提示する。各自が、それを見てビンゴのマスに書き写してから、順番に自分の経験を話すようにするとスムーズに行える。
- マスは3×3、4×4など実態に応じて選択する。また、2人でチームをつくり相談しながら発表するといった工夫をしてもよい。

アレンジ・バリエーション

共通する気持ちを伝え合う：気持ちのことばがたくさん書かれた「気持ちのことば集」を活用しながら、それぞれ経験したことのある気持ちと、それにまつわる自分の経験を伝え合う。気持ちの感じ方は人それぞれなので、お互いに相手のはなしを否定したり、非難したりせずに、最後まで共感的に聞くよう指導する。

❶ 各自、「気持ちのことば集」から、自分の知っていることば、または感じたことのあることばを選んで○で囲む。

❷ それぞれが、どんな気持ちのことばに○をつけたのか見せ合い、共通して○がついた気持ちのことばを中心に、その気持ちになったのはどんなときだったのか、自分の経験を具体的に振り返り、相手に伝える。

気持ちのことば集

- たのしい ● よろこぶ ● うれしい ● なつかしい ● おもしろい ● ほっとする ● あかるい ● かんどうする
- あんしんする ● おちついた ● しあわせ ● すっきりした ● そうかいな ● とくいな ● のんびりとした
- まんぞくな ● やさしい ● ゆうきがある ● わくわくする ● ゆかいな ● ありがたい ● ほこらしい ● すがすがしい
- ほのぼのした ● いとおしい ● きぼうにみちた ● てれくさい ● あいらしい ● むねがキュンとする
- かなしい ● がっかり ● くやしい ● いじけた ● こまった ● こわい ● さびしい ● うろたえる ● えんりょする
- きんちょうする ● イライラする ● うらやましい ● げんなりする ● ショックな ● しんぱいな ● せつない
- つらい ● つまらない ● とまどう ● ドキドキする ● いやだ ● なみだがでそう ● にがにがしい
- ねたましい ● ねむたい ● くるしい ● はずかしい ● みじめな ● ふあんな ● ばかげた ● ムカムカする ● むっとする
- むごい ● もどかしい ● びっくりした ● わびしい ● ゆううつな ● くよくよする ● もうしわけない ● あきれる
- ふゆかいな ● むなしい ● たいくつな ● あせる ● おしい ● ざんねんな ● うとましい ● おどろき
- うらめしい ● きもちわるい ● めんどうくさい ● すさんだ ● かわいそうな ● こうかいする

情緒・自己
3

ねらい ●感情語の理解 ●感情の認識 ●気持ちを表現する●

対象 幼児 / 小(低) / 小(中) / 小(高) / 中学

⏱ 20分程度
👤 2〜10名

気持ちはなんど？

背景となる困難 感情コントロールの困難 / 感情認識の弱さ / 自己表現力の弱さ

準備する物 ▶ 💿 気持ちはなんど？出題シート・正解シート / 💿 気持ちはなんど？解答用紙

この活動は？ 自分の気持ちをある程度、感情語で表現できるようになった子どもが、**感情の大きさを適切に理解し、表現できる**ようにする活動です。クイズ形式で行い、出題者は自分の経験を4W1Hで発表し、解答者はそのときの気持ちの程度を、0〜100℃で表すとどれくらいになるかを予想して答えます。

活動の方法

気持ちはなんど？

❶「悲しかったこと」「うれしかったこと」など、いくつかの感情表現を用意し、黒板に掲示する。子どもたちはそれぞれ、最近経験した気持ちを1つ選び、そのときのエピソードを「いつ」「どこで」「だれと」「何を」「どうした」の要素を入れて、出題シートに1文にして書く

❷ そのときの「気持ちの種類」と、その「気持ちの程度（℃）」を正解シートに記入する

❸ 順番に、1問ずつ出題をする。出題者は、そのときの気持ちとエピソードを発表する

❹ 解答者は、出題者の気持ちの種類と程度(何℃か)を予想して、解答用紙に記載する

❺ 最後に、正解の数字を発表する。ピッタリだったら「ストライク」、10℃前後の範囲内だったら「ニアピン」となる

❻ 解答者には「ストライク」を狙うように教示するが、当たりはずれよりも、出題者の気持ちやエピソードに焦点を当て、みんなで共有できるような雰囲気をつくっていくとよい

ポイント

- 黒板には、感情ごとに大きめの気持ちの温度計を掲示し、子どもが出題・答え合わせをしたあと、それぞれの感情の程度のところに印をつけておき、気持ちを対比したり、気持ちの程度は人によって多様であることを教示したりする。自分だけでなく、他者の気持ちにも焦点を当てられるようにすることが大切である。

出題シートの記入例

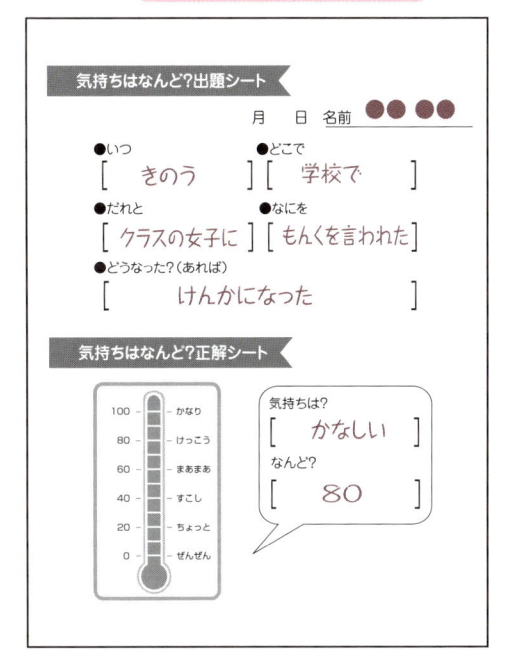

気持ちはなんど？出題シート
　　　　　　　月　日　名前　●●●●
● いつ　　　　　　　● どこで
　[　きのう　]　　　[　学校で　]
● だれと　　　　　　● なにを
　[クラスの女子に]　[もんくを言われた]
● どうなった？(あれば)
　[　　けんかになった　　]

気持ちはなんど？正解シート

100 かなり
80 けっこう
60 まあまあ
40 すこし
20 ちょっと
0 ぜんぜん

気持ちは？
[　かなしい　]
なんど？
[　80　]

子どもの特性に応じた配慮

- 感情は抽象的な概念のため、子どもにとって理解しにくい面がある。まして、"程度"になると、さらに難易度が上がる。子どもたちの実態によっては、感情語の種類を増やすことからはじめるなど、ていねいに指導していく必要がある。
- 自閉症スペクトラム障害の特性が強い子ども、また、過去につらい体験をしている子どもは、過去の出来事を扱うと、そのときの強い気持ちがフラッシュバックしてしまい、混乱したり、パニックに陥ったりする場合がある。子どもの情緒の状態をしっかりと把握しておき、強いフラッシュバックが起きそうな子どもには留意する。
- グループの実態に応じて、「気持ちの程度」をパーセントではなく、5段階(1：ちょっと、2：すこし、3：まあまあ、4：けっこう、5：かなり)にしたり、気持ちのことばに表情のイラスト(「表情カード」P.54)を添えてイメージしやすくしたりする工夫も必要である。

情緒・自己
4

ねらい ● 感情語の理解 ● 感情の認識 ● 気持ちを表現する ●

対象 幼児 / 小(低) / 小(中) / 小(高) / 中学

⏱ 5分程度
👤 3〜8名

温怒計ではかろう

背景となる困難 感情コントロールの困難 / 感情認識の弱さ / 自己表現力の弱さ

準備する物 ▶ 温怒計ワークシート

この活動は？ 具体的なエピソード（転んでケガをした、友だちに「ばか」と言われたなど）をもとに、そのときの自分の気持ちの尺度（0〜100℃）がどれくらいかを推測し、「温怒計」を使ってはかる活動です。ほかにも、「温喜計」（喜び）、「温悲計」（悲しみ）、「温困計」（困り感）などにも取り組み、**自分の感情の種類や強さを理解し、表現できるようになる**ことを目指します。

活動の方法

❶ 人には、いろいろな気持ちがあり、その気持ちの感じ方には、人それぞれ程度の違いがあることを説明する

❷ 気持ちの「温怒計」のワークシートを使い、エピソードと数値をつなげることで自分の気持ちの程度をはかる

❸ 自分の書き込んだものを、グループ内で見せ合う

❹ 同じエピソードでも、人によって感じ方が違うことを理解する

❺ 最後に、自分の気持ちの程度を意識し、人に伝えることで、気持ちが楽になることを伝える

温怒計ではかろう

温怒計ワークシート

温怒計ではかろう（イライラの気持ち） 名前＿＿＿＿＿

イライラしたときの、気持ちをはかろう

いかりくるう	100	☆100℃を考えよう（　　　　　　　）
げきどする	80	じゃんけんで負けた
おこる	60	お母さんにしかられた
イライラする	40	ともだちにバカと言われた
むっとする	20	カードゲームで負けた
ぜんぜんへいき	0	つまずいてころんだ
		友だちにうそをつかれた

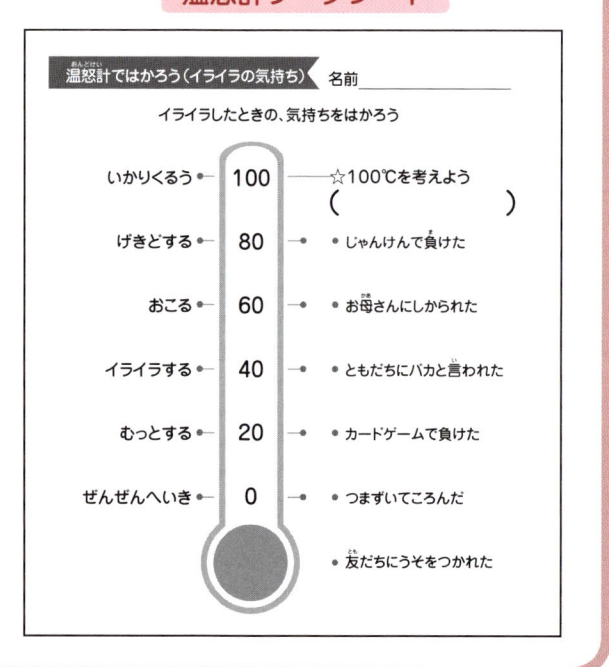

SST ▶ DATA ▶ 4 情緒・自己 ▶ PDF 4 温ドキ計_温怒計ワークシート ▶ Word 4 自分で温怒計ワークシート

子どもの特性に応じた配慮

低学年向け温怒計

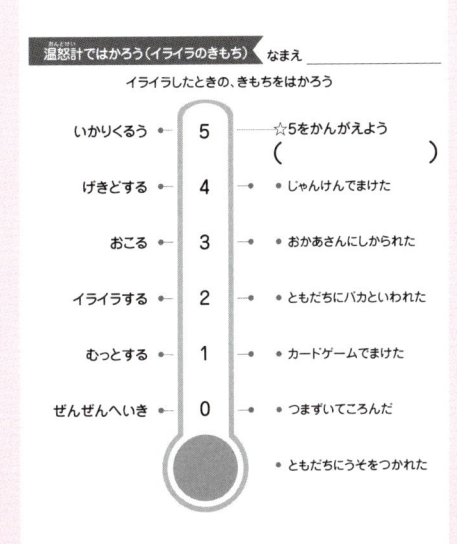

温怒計ではかろう（イライラのきもち） なまえ＿＿＿＿＿

イライラしたときの、きもちをはかろう

- いかりくるう ● 5 ☆5をかんがえよう（　　　）
- げきどする ● 4 ● じゃんけんでまけた
- おこる ● 3 ● おかあさんにしかられた
- イライラする ● 2 ● ともだちにバカといわれた
- むっとする ● 1 ● カードゲームでまけた
- ぜんぜんへいき ● 0 ● つまずいてころんだ
- ● ともだちにうそをつかれた

● 「温怒計」は、低学年では「0〜5」の5段階で、高学年では「0〜100℃」のものを使用する。

温喜計

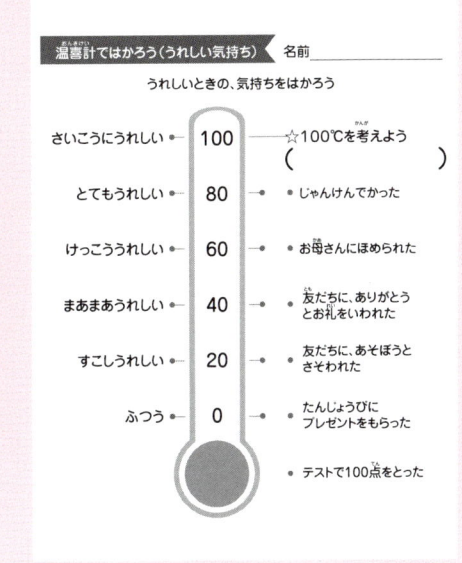

温喜計ではかろう（うれしい気持ち） 名前＿＿＿＿＿

うれしいときの、気持ちをはかろう

- さいこうにうれしい ● 100 ☆100℃を考えよう（　　　）
- とてもうれしい ● 80 ● じゃんけんでかった
- けっこううれしい ● 60 ● お母さんにほめられた
- まあまあうれしい ● 40 ● 友だちに、ありがとうとお礼をいわれた
- すこしうれしい ● 20 ● 友だちに、あそぼうとさそわれた
- ふつう ● 0 ● たんじょうびにプレゼントをもらった
- ● テストで100点をとった

自分で温怒計をつくろう

温怒計をつくろう　月　日　名前＿＿＿＿＿

それぞれのエピソードを書こう！

- いかりくるう ● 100 ●（　　　）
- げきどする ● 80 ●（　　　）
- おこる ● 60 ●（　　　）
- イライラする ● 40 ●（　　　）
- むっとする ● 20 ●（　　　）
- ぜんぜんへいき ● 0 ●（　　　）

● 子どもの実態に合わせて、同じように「温喜計」、「温悲計」、「温困計」などにも取り組むとよい。

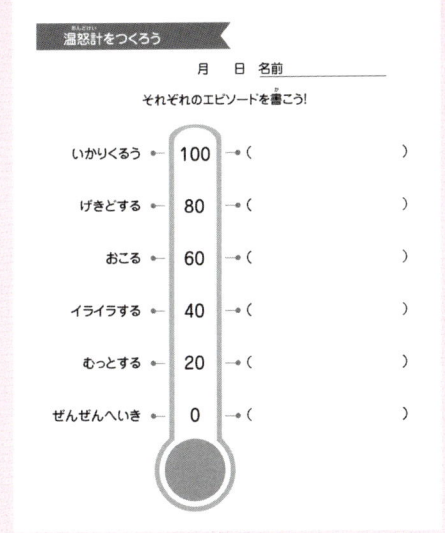

● 発展バージョンとして、子どもの状態に合わせて、「自分で温怒計をつくろう」にも取り組むこともできる。

123

アレンジ・バリエーション

❶「落ちつき計」を使ってクールダウンしよう：指導のなかで、子どもが自分の思いどおりにいかなかったり失敗してしまったりした場面で、「温怒計」を見ながら、いまの自分の気持ちと程度を確認し、ことばで伝える方法でクールダウンをはからせる。その際「温怒計」を「落ちつき計」と言いかえて（尺度をつくりかえて）「クールダウン」のほうに焦点をあてるようにする。

指導者は、視覚的手がかりを活用し、「どんな気持ちなのか教えてくれるかな」「イライラしたんだね」「その気持ちはどのくらいかな」など共感的に接しながら、気持ちを言語化できるように支援する。気持ちを言語化することは、自分の気持ちが楽になったり、周りの人にわかってもらえたりするメリットがあることを教える。

❷「温ドキ計」を使おう〜ドキドキジェンガ：どれくらいドキドキするかをはかる「温ドキ計」を使って、ジェンガのゲームを行う。「温ドキ計」の尺度に合わせて、援助してもらう行為（援助度）が書いてあるシートを活用しながら、ゲームを行う。発達障害のある子のなかには、ドキドキしたり、ビックリするような活動やゲームが苦手な子が多いため、適切な援助の求め方を学ぶ学習にもなる。

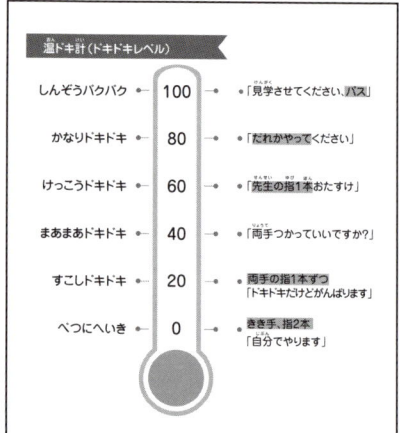

column
10. 行動は制限、気持ちは受容

　夏の短期集中のプログラムを行っているときでした。スタッフの学生が、泣きながら駆け寄ってきました。「Yくんが暴れている」と助けを呼びに来たのです。

　Yくん（自閉傾向が強い5年生）は自分の手を噛み、「この手が悪いんだ！」と床にうずくまっていました。事情を聴いた私は「みんなと遊びたかったんだよね」「どうしたらよいかわからなくて、叩いてしまったのかい？」と尋ねましたが、クールダウンしきれておらず「うるさい！」と私を蹴り、「この足が悪い！」と自分の足を叩きはじめました。Yくんの自傷を体で抑えながら「手も足も、悪くないよ。楽しく遊びたかったんだよね」と繰り返し言いました。Yくんは泣きながら、「この頭が悪い。先生手術してほしい。手術してほしい」と繰り返し訴えました。

　5分ほど経ち、本人のようすが落ちついたときに、「手も足も、頭も悪くないよ。ただ、楽しく遊びたかったんだよね」と伝え、叩くとけんかになるから、「入れて」と言えばいいことを教示しました。Yくんはそれを神妙に聞き入れていました。

　次の日には、スタッフに付き添われ「入れて」と言うことができ、仲間とゲームができました。学生スタッフは、Yくんが突然、仲間の背中を叩き回ったため、「叩いてはだめでしょ！」と強く言い聞かせたとのことでした。私は、「それはマズいね」と言いましたが、今思えば、「心配で、つい怒ってしまったんだね」「Yくんが暴れて、びっくりしてしまったんだね」と気持ちを受容してあげればよかったなと。

　支援者が寄り添ってかかわったつもりでも、子どもは自身の存在を否定されたように感じる場合もあります。支援者にも"心の理論"、つまり、相手の考えや気持ちを理解する能力が必要です。言語表現が不得意だったり、障害が重い子どもは、暴れたりすることがあるかもしれません。しかし、その行動1つひとつに、子どもの訴えがあります。子どものおかれている状況や特性などに目を向け、ことばにならないメッセージにも耳を傾けます。そして、気持ちを受け止め、支援者が子どもの感じたことや気持ちを、代わりにことばにすることで寄り添っていきます。

　「叩くのはよくない。ことばで言ってごらん」などといった行動の制限とスキルの伝授は、気持ちを受容したあとのほうが効果的です。子どもは、自分の気持ちをわかってもらえると、指導者の話を落ちついて、素直に聞いてくれることが多いことを、筆者らは経験しています。（岡田）

情緒・自己
5

ねらい ●感情の認識 ●気持ちの切り替え ●他者視点に立つ ●依頼する

対象 幼児 / 小(低) / **小(中)** / **小(高)** / **中学**

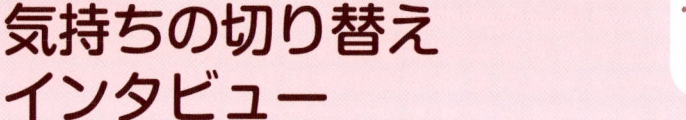

🕐 20分程度
👤 個別〜10名

気持ちの切り替えインタビュー

背景となる困難 感情コントロールの困難 / 感情認識の弱さ / 自己表現力の弱さ

準備する物 ▶ 🎞 気持ちの切り替えアンケート

この活動は？ 身近な人(先生や保護者など)に、「気落ちの切り替えアンケート」にもとづいて、気持ちの切り替え方についてインタビューし、さまざまな方法を学びます。そのうえで、自分に合う気持ちの切り替え方を考える活動です。

活動の方法

気持ちの切り替えインタビュー

「切り替え」の大切さの理解

❶ 導入として、絵本『ケロリがケロリ』の読み聞かせを行う。その内容をもとに、主人公"ケロリ"の場面ごとの気持ちはどうだったのか、それぞれのページで、気持ちはどのように推移したのかを話し合う

参考文献
『ケロリがケロリ』作・絵:いとうひろし(2008)、ポプラ社

| SST | DATA | 4 情緒・自己 | Word 5 気持ちの切り替えアンケート |

❷ "ケロリ"の気持ちの移り変わりを、「とくい」「ふしぎ」「ふあん」「あんしん」など、具体的にことばで示して確認する

❸ 気持ちを切り替えることが大切であることを子どもたちに教示し、指導者の切り替え方法を紹介したうえで、子どもたちの切り替え方法についても聞いてみる

ポイント
子どもたちが気持ちを切り替えられた実際のエピソードを取り上げて、例に出してもよい（例：負けて怒ったけど、気持ちを切り替えられてゲームに参加できたなど）

教示、リハーサル

❹「ほかの人の切り替え方法をたくさん知ろう」と子どもたちに伝え、保護者や先生など身近な人に気持ちの切り替えについてインタビューすることを伝える

インタビューの質問項目
- あなたは気持ちが落ち込むことはありますか
- それはどんなときですか
- どんな方法で、気持ちの切り替えをしますか

❺ インタビューの方法を理解させる。必要に応じてロールプレイングを行う

注意点
- ていねいなことばづかいをする（「～です」「～ます」）
- お願いとお礼を言う（「インタビューをお願いします」「ありがとうございました」）
- 声の大きさ、相手との距離感、視線に気をつける

❻ だれにインタビューをするかを決める（保護者や担任の先生など、身近な人がよい）。実態に応じて、友だちの保護者や担任以外の先生にインタビューするのもよい機会になる

気持ちの切り替えインタビューを行う

❼ 子どもは、ペアまたは1人でインタビューを行い、その場で聞いたことを「気持ちの切り替えアンケート」にメモする（保護者や家族に聞くなら、宿題にしてもよい）

❽ インタビューの相手には、子どもたちが行くことをあらかじめ伝えておき、対応してもらえるよう取りはからう。必要に応じて、指導者がインタビュー場面に付き添うこともあるが、基本的には子どもが自分で行えるようにサポートする

インタビュー結果のシェアリング

❾ グループで、インタビューしたことを発表し合い、いろいろな気持ちの切り替え方法があることを理解する

❿ みんなから出された意見を参考にしながら、自分にはどの方法が合うかを考える

気持ちの切り替え方法の例
- 相談したり話を聞いてもらったりする ●静かな場所で休憩する ●1人になる
- 好きなことや趣味を楽しむ ●遊んだり体を動かしたりする ●ペットと遊ぶ
- 読書する ●散歩する ●クッション(枕)をたたく ●ストレッチをする
- 魔法の数を数える ●深呼吸をする ●カウンセラーに話す
- 特別なリラクゼーション方法を行う など

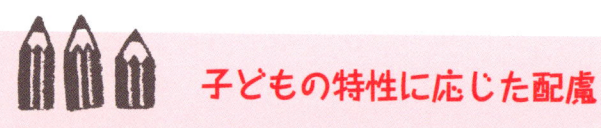

子どもの特性に応じた配慮

- 自閉症スペクトラム障害の特性のある子どもは、他者視点に欠けるため、ぶっきらぼうな(不器用な)インタビューを行う可能性がある。事前にインタビュー方法について、ていねいな教示やロールプレイングが必要となる。
- 自分1人の観点だけでなく、さまざまな切り替え方法を知ることが目的であるので、大人の視点のみによる切り替え方法を子どもに押しつけることは避ける。

アレンジ・バリエーション

「気持ち」がテーマになっている絵本を紹介する：気持ちの認識や切り替え、他者理解、共感など、気持ちがテーマになっている絵本はたくさんあり、ＳＳＴなどの指導教材として活用できるものがある。それらの絵本を紹介する。

　＊C.ゾロトウ・文、A.ローベル・絵『なかなおり』(童話屋)
　　…気持ちが伝染する、そして、切り替わることがテーマになっている。
　＊C.ゾロトウ・文、B.シェクター・絵『けんか』(童話屋)
　　…友だちに怒って、心配になって、仲直りして、ほっとして、うきうきして…と、友だちとの関係性においてさまざまな気持ちが起こる。
　＊中川ひろたか・作、長新太・絵『ないた』(金の星社)
　　…自分はなんで泣くんだろう、大人は泣かないだろうと、泣き虫の男の子が考える。

* 谷川俊太郎・文、長新太・絵『きもち』(福音館書店)
  …自分の気持ちとほかの人の気持ちについて考えさせられる。
* よしながこうたく・作/絵『給食番長』(長崎出版)
  …悪いことをした"給食番長"は給食おばちゃんの気持ちに気づいて、よい番長になる。
* E.トリビザス・文、H.オクセンバリー・絵『3びきのかわいいオオカミ』(冨山房)
  …凶悪なブタにおびえたり、安心したり。ブタはさびしかったのかな？
* A.ヴォージュラード・作/絵『オオカミと石のスープ』(徳間書店)
  …のんきなめんどりを食べようとしていたが、そのうち気持ちが変わるオオカミ。
* H.オラム・作、きたむらさとし・絵/訳『ぼくはおこった』(評論社)
  …怒ったアーサーは、「もう十分」となだめられるが、最後には地球がこなごなに。

column
11. 大人にも大切なクールダウン

　気持ちの切り替えは、大人でもなかなか難しいものです。二次的に情緒不安定になっている子どもや、自閉症スペクトラム障害の特性のある子どもは、気持ちを引きずりやすく、切り替えが難しいことがあります。長期間ネガティブな気持ちにさいなまれると、抑うつ的になったり、被害感を増大させてしまったりします。気持ちの切り替えは、集団参加のうえでも、精神的健康を保つためにも、重要となります。

　よく保護者におすすめしているのは、保護者の切り替えやクールダウンのモデルを子どもに示すことです。しかってばかりになっているお母さんには、「今、お母さんはあなたに怒りそうだから、気持ちを落ちつけてきます」とクールダウンを行い、時間がたったあとに、冷静に子どもの問題や課題を話し合っていく姿を見せることをお願いしています。親のクールダウンする姿を見せることは、子どもにとってよいモデリング学習になっていることを相談現場ではよく経験します。

　逆に、クールダウンできないで怒り続けている大人の姿は、ヒートアップするモデルを子どもに提示していることになり、子どももそのモデルを取り込んで、同じような振る舞いをしてしまうことがあります。よくも悪くもモデリングという現象は日常のあちらこちらで起きていますから、留意する必要があります。（岡田）

情緒・自己 6

ねらい ● 自己理解 ● ことばで伝える ● 気持ちを表現する

対象 幼児 / 小(低) / 小(中) / 小(高) / 中学

🕐 10分
👤 個別〜5名

人生バイオリズムマップ

背景となる困難 想像性の弱さ / 自己表現力の弱さ / 感情認識の弱さ

準備する物 ▶ 人生バイオリズムシート

この活動は？ 過去の出来事を振り返ったり、未来を予想しながら自分の「人生バイオリズムマップ」を完成させる活動です。指導者が、子どもにその出来事が起こったときの気持ちや将来の予測などを聞きながら内容を書き足していきます。子どもと指導者が1対1で、楽しみながら取り組めることが望ましいでしょう。

活動の方法

人生バイオリズムマップ

❶ 子どもが自分で過去の出来事を振り返り、人生バイオリズムシートに記入していく

❷ 指導者は、将来考えられるステージ（小学校卒業後は中学校入学、その後高校、大学や専門学校、就職があるなど）について説明する

❸ 指導者の説明を踏まえて、子どもが自分で未来を予想しながら、シートに記入していく

❹ 指導者は、過去の出来事についてどう感じたか、なぜ未来をそのように予測したかなど、子どもとの対話をとおし、自分でマップを書けるように支援する。そこから聞き出した新たなエピソードや本人の考えをシートに書き足していく

小学5年生の人生バイオリズムシートの記入例

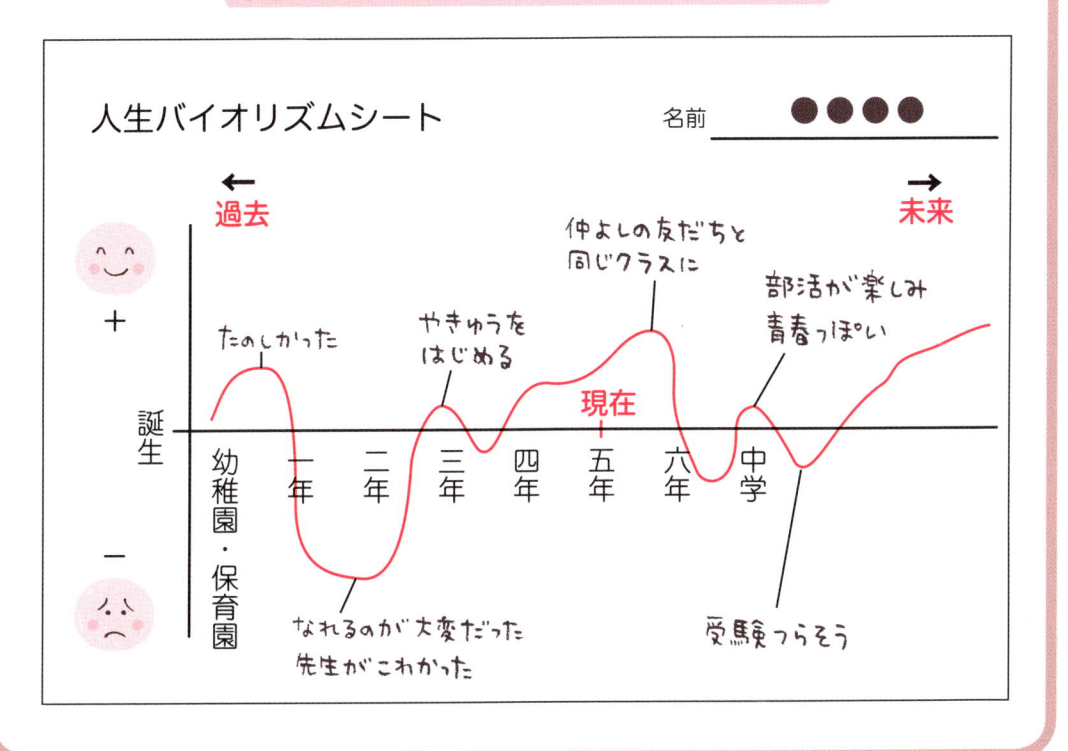

人生バイオリズムシート　名前 ●●●●

← 過去　未来 →

+ / −

誕生 — 幼稚園・保育園 — 一年 — 二年 — 三年 — 四年 — 五年（現在）— 六年 — 中学

- たのしかった
- なれるのが大変だった／先生がこわかった
- やきゅうをはじめる
- 仲よしの友だちと同じクラスに
- 受験つらそう
- 部活が楽しみ　青春っぽい

子どもの特性に応じた配慮

- 自分の今後や将来について見通しを持ちにくい子どももいる。中学校や高校がどんなところか、また、その後どんな進路があるかについて、少しでもイメージがわくよう情報を提供したり、シミュレーションをしていくことが大切である。この活動を通して、漠然とでもいいので自分の未来に対して、見通しや肯定的な視点を持てるようになれるとよい。
- 情緒の不安定さが目立つ子どもや、ネガティブに物事をとらえてしまう子どもに関しては、この活動が適しているかどうか、慎重に見極める必要がある。否定的な感情を受け止めることも時には必要だが、この課題が本人に合っているかどうか十分吟味し、難しいと判断した場合は、無理に取り組ませないほうがよい。
- 指導者と子どもの信頼関係や、良好な援助関係が築けていないと、子どもは自身のことを表現しにくい。関係性が構築されてから実施すべき活動である。

情緒・自己
7

ねらい ● ヘルプを出す ● 気持ちを表現する ● ことばで伝える ● 自己理解

対象 幼児 / 小(低) / 小(中) / 小(高) / 中学　　⏱ 15分程度　　👤 個別〜4名

きもっちさん・こまったちゃん

背景となる困難　感情コントロールの困難 / 感情認識の弱さ / 自己表現力の弱さ

準備する物 ▶ [活動の方法❶] 💿きもっちさんワークシート、[活動の方法❷] 💿こまったちゃんワークシート

この活動は？　信頼できる相手とともに、自分の気持ちや困ったことを言語化するという練習は、行動を振り返ったり、気持ちを切り替えたりするうえでも重要です。また、困ったときにヘルプを出し、適時に適切な支援を受けられるようにして、支援してもらってよかったという経験を早期に積むためにも、**気持ちや困ったことを言語化する**活動に取り組むことが有効といえます。

活動の方法❶

きもっちさん

❶「きもっちさんワークシート」を使い、ワークシートのきもっちさん（ハート形）に今の自分の気持ちに合う色を塗るよう、子どもに促す

❷ 子どもが塗った色を見て、どうしてその色を選んだのかなど、理由や子どもの気持ちを聞き出し、その内容をワークシートに書き込む。自分でできる子どもには、自分でやらせてもよい

❸ 書き込んだワークシートを見ながら、1週間の振り返りを行ったりする。状況に応じて、困っていることの理解につなげたり（「こまったちゃん」[活動の方法❷]につなげる）、スピーチや、なんでもQ P.78 の活動の際のヒントにするなど、活用方法の工夫もできる

きもっちさんワークシートの記入例

／（　）＿＿＿＿＿ さんの今のきもっち

（ハート形の図：友だちとあそぶ／めんどくさい／しゅくだいがイヤ／とくに算数／イライラ／おかあさん／プレゼントをもらう／ゲーム）

SST ▶ DATA ▶ 4 情緒・自己 ▶ PDF 7 きもっちさんワークシート ▶ PDF 7 こまったちゃんワークシート

活動の方法❷

こまったちゃん

❶ 子どもが日常的に困っていることや、感じていることを聞き出し、「こまったちゃんワークシート」の吹き出しのなかに書き込んでいく

❷ 書き込まれた「困っていること」について、状況を客観的に理解できるよう対処方法を一緒に考える

❸ 実際の生活場面で、対処方法を実行できるよう促したり、手助けしたりする

こまったちゃんワークシートの記入例

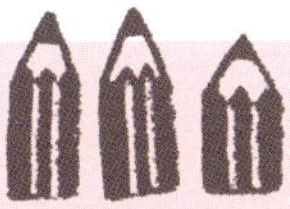

／　（　）

こまったちゃん　　どうして？　しゅくだいが1人でできない

子どもの特性に応じた配慮

● 言語のやり取りだけでは理解しにくい子どもには、コミュニケーション場面を絵に描いて視覚的に状況理解を促すことが有効である(『コミック会話』などの技法アプローチが知られている)。

● ことばで表現するのが苦手な子どもには、指導者が状況を察してていねいに言語化してあげたり、指導者が挙げた選択肢から選ばせたりすることも必要となる。

● 自分の困ったことや気持ちを話すためには、安心して話せる環境づくりが必須である。担当の指導者と良好な関係がつくれるようにかかわることからはじめる。

「コミック会話」で状況を理解する

友だちの会話に入れなくて…。でも、仲間はずれにされてるんじゃないんだね

あなたの"こまったちゃん"は、友だちの会話に入れないことなんだね。何も言わないでいると、友だちは気づかないかもしれないよ

参考文献
・『発達障害がある子のための「暗黙のルール」』著：ブレンダ・スミス・マイルズほか／監修：萩原 拓／訳：西川美樹 (2010、明石書店)
・『コミック会話　自閉症など発達障害のある子どものためのコミュニケーション支援法』著：キャロル・グレイ／訳：門 眞一郎 (2005、明石書店)

情緒・自己
8

ねらい ● 自己理解 ● 自己選択 ● 意見を言う ● 意見を聞く

対象 幼児 / 小(低) / 小(中) / 小(高) / 中学

⏱ 15分程度
👤 3〜8名

きみはどっちのタイプ？

背景となる困難　想像性の弱さ / 言語表現力の弱さ / 他者性のない自己理解

準備する物 ▶ CD「意見交換で大切なこと」掲示シート / CD きみはどっちのタイプ？ワークシート

この活動は？　さまざまな問題に２択で答える活動です。それぞれが自分に当てはまると思う答えを選んだうえで、理由も述べます。自分の意見を理由を添えて言うこと、ほかの子どもの意見を否定しないこと、人の意見のなかに、よい意見だと思えるものを見つけることなどに重点をおいて取り組みます。

活動の方法

きみはどっちのタイプ？

❶ 先生がルールを説明する

ルール
- 出題される２択の問題に対し、自分はどちらのタイプかを考え、１つを選ぶ
- 選んだ理由について説明する
- 「自分の意見をしっかり決めること」「理由も考えて言うこと」「相手の意見を否定しないこと」（掲示シート）を守る

❷ 各自が２択問題のワークシートに取り組む。回答は、選択肢のなかから選ぶ。「なし・わからない・どっちも」などの答え方はせずに、必ずどちらか自分の考えに近いほうを選択する

❸ ワークシートをもとに、１人ずつ意見を出し合う

（プレゼントはサプライズがいいよね！／うんうん／私はリクエストプレゼントがいいな）

134

❹お互いの意見の理由を簡潔に伝え合う。このとき、相手の意見を否定するのではなく、自分の意見をPRすることに力点をおく

❺最後に、振り返りを行い、自分とは違うタイプを選んだ仲間の意見で、「いいね」と思ったものを探し、発表し合う

子どもの特性に応じた配慮

- 高学年になるにつれて、話し合いの活動が増え、自分の意見を伝えることが求められる場面が増えてくる。自己選択、自己決定、自己主張が苦手な子どもには、高学年以降の学習活動に向けて、その練習として意見を伝える経験を積む必要がある。
- 主張性が強すぎるために、自分の意見を優先しがちだったり、相手の意見を否定しがちだったりするタイプの子どもには、「相手の意見を否定しないこと」が、話し合いのルールとしてあることを教える必要がある。
- この活動は、常識問題や意見の優位性を決めるものではない。自分にとってどうしてその選択肢がよいのかを、理由も添えて相手に伝わるように話すことが重要である。最後の振り返りでは、自分の意見ではなく、ほかの人の意見でよかったものを選び、認めることができるように支援する。

アレンジ・バリエーション

選択肢を増やす：2択問題に慣れてきたら、選択肢をABCの3択にしたり、2択+そのほかの項目（自由意見）を加えた3択にしたりすることで、多方面からの意見を出し合うようにするとよい。

3択、2択+そのほかの問題例

例❶ 席替えするなら、どこがいい？
A,一番前　B,一番後ろ　C,窓際

例❷ 係の仕事をするなら、どれがいい？
A,配り係　B,保健係　C,生き物係

例❸ アルバイトをするなら、なにがいい？
A,コンビニ　B,本屋
C,そのほか（　　　　　）

> 私はアルバイトをするなら、本屋さんがいいです。なぜなら、私は読書が大好きだからです

情緒・自己 9

| ねらい | ● 自己理解 ● 自己の課題の理解 ● 気持ちを表現する ● 人前で話す ● 仲間意識 |

| 対象 | 幼児 | 小(低) | 小(中) | 小(高) | 中学 |

⏱ 20分程度
👤 6〜8名

ネガポ・バスケット

背景となる困難 自尊感情の低さ / 自己理解の不確かさ / 想像性の弱さ

準備する物 ▶ 活動の方法❶ ホワイトボード / いす / 🆑ネガポジ変換シート

この活動は？ 自分のネガティブな部分やポジティブな部分を表現することで、友だちとの共通点や違いを考える活動です。合わせて、"ネガティブ"を"ポジティブ"に変換するきっかけをつかむようにします。自分の得意なことや苦手なこと、長所や短所を先生と話すことができていること、また、自分をある程度客観的に理解することができていることが前提となります。

活動の方法❶

ネガポ・バスケット

❶ 先生がルールを説明する

ルール
- 1人がネガティブなこと、ポジティブなことを言い、ほかの人は、自分もそれに当てはまると思ったら「そうそう」と言い、席を立って移動する
- 席の移動は、先生の「はい！」の合図で行う（考える時間的猶予を与える）
- 友だちが言ったことを批判せず、うなずいたり「へぇ〜」と言ったりする

❷ ネガティブ（苦手なこと、自分の欠点、いやなところ）バスケットからはじめる

❸ 子どもから出てきたネガティブなことを、Ｔ２がホワイトボードに書いていく

❹ 先生が子どもにインタビューする。「○○くんはあわてんぼうなんだね。どうしてそう思うの？」とエピソードを引き出し、「△△くんもそうなんだ？」と移動した子どもにも聞く

SST ▶ DATA ▶ 4 情緒・自己 ▶ PDF 9 ネガポジ変換シート

❺ 次に、ポジティブ（得意なこと、自分の長所、好きなこと）バスケットを行い、ネガティブのときと同様に、先生が子どもにインタビューする

❻ ネガティブとポジティブでマッチするものがあれば取り上げ、簡単に話し合う
　例「あわてんぼう」と「行動が早い」ということについて、同じことがネガティブともポジティブとも捉えられるなど

❼ ネガポ・バスケットを行ったあとは、自分に関して、ネガティブなことと、ポジティブなことを１つずつ紹介し、友だちとの共通点や相違点について、一言ずつ発表するのもよい

活動の方法❷

事前活動（個別）

個別の事前活動の方法
- 子どもが自分の課題を指導者と共有できるようにするために、先生の例や子どもの好きなアニメのキャラクターの例を出しながら、得意なことや苦手なことを視覚化して見せると、自分のことも話しやすくなる場合がある。
- 人間の能力はでこぼこしていて、得意なことは生かして伸ばせる、苦手なことは工夫したり、先生に相談したりして乗り切ることが重要だと納得させる。
- 子どもがイメージしやすいような説明のしかた、話し合いのしかたが求められる。
- 「得意・苦手」という表現のしかたではなく、10段階評価をしたり、「とくい・ふつう・にがて」をグラフに表したりするなど、実態に応じて、表現のしかたを工夫する必要がある。

得意・苦手を視覚化する

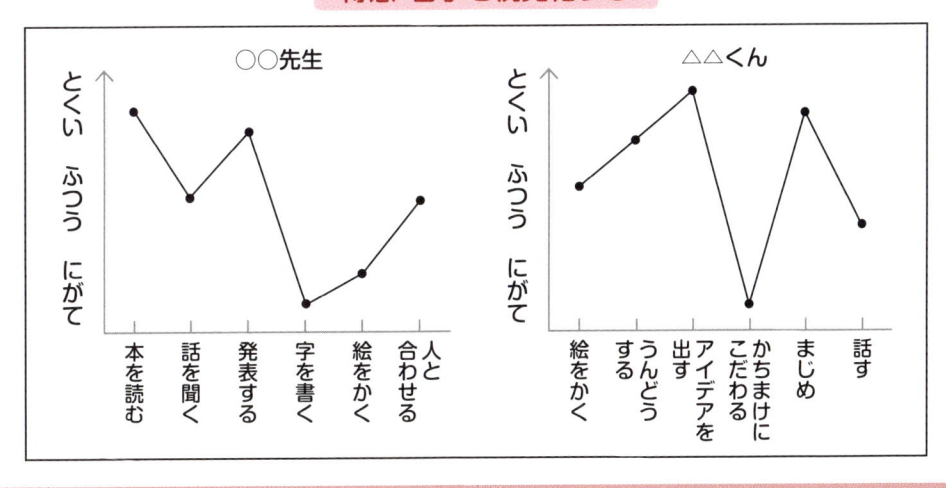

○○先生：とくい／ふつう／にがて　本を読む／話を聞く／発表する／字を書く／絵をかく／人と合わせる

△△くん：とくい／ふつう／にがて　絵をかく／うんどうする／アイデアを出す／かちまけにこだわる／まじめ／話す

子どもの特性に応じた配慮

- 自分と向き合うことがつらい子どもには、適さない活動であることを考慮する。
- 自分の苦手さを理解しても、人前で話すことのハードルは高い。グループに対して帰属意識があり、安心できる場であることが、活動の大前提となることに留意する。
- 事前の個別指導のなかでも、人それぞれ違うということ、苦手なものも得意なものもあるということをしっかりと押さえておく。
- 話すことが思い浮かばない子どものために、活動中1回だけ「ネガティブバスケット」「ポジティブバスケット」(全員が移動する)をしてもよいことにする。

アレンジ・バリエーション

① ネガポジ変換する：自尊感情が低かったり、叱責を受けることが多かったりする子どもの場合、指導者が、子どもが出した"ネガティブ"を"ポジティブ"に変換していくことで、物事の見方を変えられることを経験させる。「ネガポジ変換シート」を個別やグループで実施してもよい。

ネガポジ変換シートの記入例

ネガティブ	ポジティブ
存在感がない	▶ 周囲に溶け込むのが上手
計画性がない	▶ 実行力がある(行動派)
気が散りやすい	▶ 好奇心が旺盛

ネガポジの変換例

子どもがネガティブに捉えている面	ポジティブに変換した捉え方(先生が示す)
➡「三日坊主」	➡「切り替えが早いということだね」

② ケース検討会を開く：子どもたちと、何か1つのエピソードを取り上げ、ケース検討会(話し合い)をしてみるのもよい。解決策を考えることも大切だが、「自分にもそういうところあるよ」と仲間どうしで言い合い、思いを共有することや友だちも同じ思いを抱いていたと実感させることが重要である。

注意事項

子どもも先生も、お互いに抵抗なく欠点をさらけ出したり、得意な点を自慢できたりする環境が整っている場合にのみ実施する。子どもが躊躇してしまうようなグループでは実施しないこと。子どもへの心的負担が大きい活動になってしまうので、注意する必要がある。

column
12. 考え方次第で気分は変わる──きっかけは行動の変容から

　興奮しやすく、すぐに友だちにちょっかいを出すYくん（4年生）は、自分のことを「乱暴者」と考えていました。休み時間になると「乱暴してしまうのではないか」「怒られるのではないか」と心配になり、緊張してしまうため、すぐ校長室に行き、校長と川柳をつくったり、将棋をさしたりして過ごしていました。

　通級指導教室では、休み時間の指導もしています。子どもたちが自由に遊べる時間ですが、うまく遊べるよう指導しつつ、子どものなかに入り一緒に遊びます。

　Yくんに対しては、ルールを守ってうまく遊べていること、熱くなっても自分をコントロールできていることを、丁寧にフィードバックしていきました。そうしていくうちに、Yくんは自信がついたようで、在籍学校の休み時間でも緊張しなくなり、不安な気持ちも薄れていきました。そして、在籍学級でも、通級の友達と同じようなペースや雰囲気の子どもたちと遊べるようになりました。

　Yくんは、グループ活動でうまく遊ぶことができ（行動の変容）、自分のことを乱暴しないでうまく遊ぶことができると捉えるようになりました（思考の変容）。そして、そのうちに学校でも不安になったり緊張したりせずに（感情の変容）仲間に入ることができるようになりました（行動の変容）。Yくんの変化のきっかけは、行動面からでした。思考・感情・行動とネガティブな循環に陥っている場合、行動面の変容からめざし、捉え方、考え方の整理を行っていくとよいでしょう。SSTはそのきっかけをつくり出すことができます。

　特にASDの子どもたちは、考え方に融通が利かずこだわりやすいため、支援者は行動面だけではなく考え方や捉え方の整理を積極的に行うことが必要でしょう。

　さて、校長はその後、Yくんが校長室に来なくなったので、自分のかかわりが悪かったのではと落ち込んでいたようでした。しかし、通級の先生から、Yくんは校長のおかげで自信がつき、人間関係をうまくつくることができたとフィードバックされると、それ以来、児童を校長室に積極的に迎え入れるようになりました。そして、いつのまにか休み時間の校長室は、川柳＆将棋教室と化していきました。（岡田）

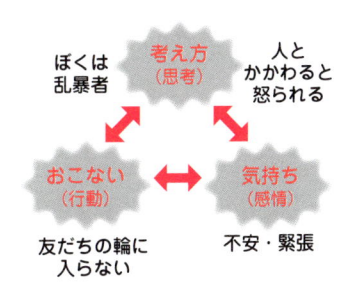

情緒・自己
10

| ねらい | ●自己理解 ●自己表現 ●自己の課題の理解 ●仲間と課題を共有する● |

対象　幼児　小(低)　小(中)　小(高)　中学　　⏲ 30分　　👤 個別～5名

自分研究所

背景となる困難　自尊感情の低さ / 自己理解の不確かさ / 想像性の弱さ

準備する物 ▶ 📄 自分研究ワークシート

この活動は?　自分の困っていることを分析し、対応方法を考える活動です。指導者が子どもの課題や困難を理解して、子どもと共有し、ともに取り組める関係がつくれた段階で実施していくとよいでしょう。この活動をとおして、肯定的で建設的な自己理解を育んでいき、主体的に自身の課題に取り組むことをめざす活動です。

活動の方法

自分研究所

❶ それぞれが自分の「困っていること」を出し、そこから分析・研究する事柄を選ぶ（事前に「こまったちゃん」P.133 を個別で実施しておくとよい）

❷ 自分が困っていることのタイプ（のんびり屋タイプなど）を分析し、それを絵に表したキャラクターを作成する。また、それは、いつ、どんなときに現れ、何をするかなどの特徴を「ワークシート」にまとめて記入し、グループになって対処方法を話し合う。ブレーンストーミングを行ってもよい

❸ 話し合いで出された対処方法のなかで、活用できそうな方法を相談し、まとめたものをカードに書き、「対応カード」をつくる

❹ 自分の研究したものを発表し、友だちに感想を言ってもらう

SST ▶ DATA ▶ 4 情緒・自己 ▶ PDF 10 自分研究ワークシート

ワークシートの記入内容
- 困っていることのタイプ
- キャラクター、キャラクターの名前
- キャラクターの特徴
- いつ、どんなときに現れ、何をするか

対応カードの例

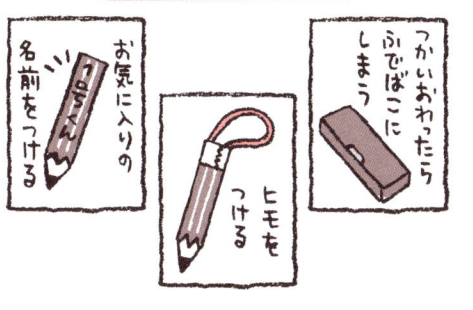

画用紙を切ってカードにして使う

ワークシートの記入例

困っていることのタイプ
（　　　なくしもの　　　　タイプ）

キャラクターネーム
　なくしんボーズ

キャラクター

特ちょう　：よくものをなくす
いつ？　　：じゅぎょうちゅう
どんなときに？：ノートをかくとき
何をする？：えんぴつをなくしてしまう
そのほか　：

子どもの特性に応じた配慮

- 自分の困っていることがなんなのかわからない子どもや、言語化できない子どももいる。学級担任の先生や保護者にも協力を求め、本人が実感しやすく見つめやすい課題（負荷の低そうなもの）から、一対一の関係のなかで話し合っていくとよい。

- 活動に取り組む前提として、子どもが日常から困ったことを気軽に話せるような指導者との関係性や、仲間との雰囲気づくりができていることが大切である。そうなるために、負荷の低い活動で、自分のことを話す体験を積ませておくとよい。

  参考となる活動
  「なんでもQ」P.78 、「自己紹介すごろく」P.92 、「きもっちさん・こまったちゃん」P.132 など

- 情緒的に不安定な子どもや、指導への動機づけが低い子ども、成功体験がなく無力感が強い子どもに対する自己理解の課題は、取り組むときに十分注意する必要がある。無理をしないという視点も大切である。

- 自己理解の課題は、ときには自身のキャラクターのラベル、障害名ラベルへのとらわれを生じさせることがある。だれでも成長し、変化することに焦点をあて、柔軟に自身のことを把握できるよう配慮する。

アレンジ・バリエーション

① インタビューを行う：困ったときは「だれかに聞く」ということも大切なスキルであり、子どもたちには「ヘルプを出す」スキルを合わせて身につけてほしい。インタビューゲーム P.68 を活用し、担任の先生や保護者に聞く活動を入れることもできる。

② グループで発表：小グループで、各自のまとめたことを、発表し合う方法もある。ただし、自分のプライベートな話題を人前で話すことに抵抗感を持つ子どもには、十分配慮する必要がある。もし、プレゼンができなくても（しなくても）、指導者や数名の仲間と協力し、グループ発表になんらかの形でかかわれた場合には、そのことを十分評価すべきである。

③ 壁新聞のように掲示する：研究成果で得た対処方法を、壁新聞にまとめ、それを掲示してアイデアを共有する。フセンを用意しておき、壁新聞をよんだ人が、「いいね～」「ぼくも」「わたしも」「ナイスアイデア！」など、コメントをつぶやける（貼れる）ようにしておくとよい。

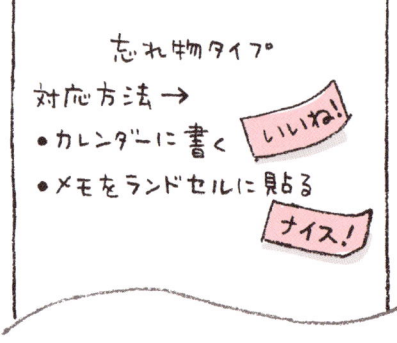

④ ビフォー＆アフターの活動につなげる：困ったことが解決したり、うまくいった経験をビフォー＆アフター P.144 の活動としてまとめる。成長や変化していくことを意識することは大切である。

column
13. "自分研究"をとおして
——子どもどうしのかかわりの姿

「ぼくだけじゃないんだ」。"自分研究所"の活動を行うと、子どもから聞かれることばです。「つい忘れ物しちゃうんだよ」「じっとしてるの苦手」「給食の時間の話が苦手」「宿題に時間がかかっちゃう」「イライラしやすい」など、困っていることを話していると、「あるある！」と盛り上がることがあります。通常学級という大きな集団のなかではなかなか言えないことでも、通級という小集団の安心できる空気のなかでなら言えることもあります。自分自身を語り、共有できる経験は大切だと感じます。

ある日のこと、"自分研究所"の学習をしている４年生のＡくんが友だちとトラブルを起こし、通級の教室にやってきました。「どうせ、オレなんかダメなんだよ」。ネガティブなことばを発しているＡくんに５年生のＢくんがぼそっと「昔のオレみたい……」とつぶやきました。「昔はケンカばかりしてて、いつも怒られてた」と語りかけてくれたのです。「このまま、友だちとトラブルばかり起こしていたら、教室にいられなくなるよ。ぼくがそうだった」。今はトラブルもほとんどみられないＢくんのことばだったので、Ａくんは驚きながらも「ぼくも変われるかな」とつぶやいていました。そう、「変われるかも」って思えることって大切なのです。経験者であるＢくんのことばだからこそ、Ａくんの心に響いたのでしょう。指導者である私がいくら言い聞かせても、Ｂくんにはかなわないと思いました。

その後、Ｂくんは「記録をつけるノートを先生とやり取りしたけどよかったよ」とか「イライラしたら、トラブルになる前に行く場所（クールダウン場）をつくったよ」など、具体的な対応方法を教えてくれていました。子どもどうしのかかわりって本当にすごい！（森村）

情緒・自己 11

ねらい
- 自己理解
- 他者理解
- 人前で話す
- 気持ちを表現する
- 自己の課題の理解

対象 幼児／小(低)／**小(中)**／**小(高)**／**中学**

⏱ 30分程度
👤 1〜5名

ビフォー＆アフター

背景となる困難 自尊感情の低さ ／ 自己理解の不確かさ ／ 想像性の弱さ

準備する物 ▶ 🎴 ビフォー＆アフターワークシート

この活動は？

「過去の自分」と「現在の自分」を比較し、成長している点を見つけて、なぜ変化したのかを考える活動です。活動の前提として、自分のことを話せる信頼関係や、話せるグループの雰囲気づくりが大切です。安心して話せる環境を設定してから、まとめの時期に行うとよいでしょう。

活動の方法

❶ グループで行う場合は、座談会を開き、それぞれが「過去の自分」について語る。個別で行う場合は、指導者と「昔は○○だったね」と話す。過去の話をするときは、現在のうまくいっている状態と比較するように言うとよい

❷ 「過去の自分」と「現在の自分」の違いを見つけて、なぜ変化したのかをワークシートに書き込む

❸ ワークシートに書いた自分の考えを、グループ内で発表する

❹ みんなの発表を聞いた感想を言い合い、お互いの成長を認め合う

SST ▶ DATA ▶ 4情緒・自己 ▶ Word 11 ビフォーアフターワークシート

ビフォー＆アフターワークシートの記入例

①むかしのぼく・わたし	②変化のきっかけ	③今のぼく・わたし
むかしは、 人前に出るのがにがてだった	これがよかった！ 通級でいろんな仕事をして、人前に出るようにした	今は、 代表委員もやってるし、人前にでる仕事もできるようになった

子どもの特性に応じた配慮

- 成長がみられる部分は自他で評価し、自信につなげられるとよい。
- 指導者は、子どものちょっとした成長（変化）をしっかりと捉えていくことが求められる。日々の成長やがんばりを、親、そのほかの支援者とも共有しながら、子どものサポートにあたっていく必要がある。また、そのことを子ども自身と話題にすることも重要である。成功体験が子どものさらなる学びにつながる。
- 不安傾向が強い子どもや、自己否定感が強い子どもの場合、過去の自分を冷静に振り返ることができない場合がある。この課題に取り組むのが妥当かどうか、検討しておく必要がある。もし、取り組む場合でも、目に見えてわかる事実（たとえば、昔はトマトが食べられなかったけど、今は食べられるようになったなど）や、軽い内容をテーマにするようにし、本人に強い負荷をかけないようにする。
- 指導者や保護者が子どもの支援に一生懸命になるほど、子どもを「よいところはない」「いつもダメ」と否定的に見てしまいがちである。よい変化が継続・定着していなくてもよいと考えることも大切である。

アレンジ・バリエーション

①　3コマにまとめる：今日までの自分の変化を、3コマにまとめてもおもしろい。グループ内で発表したり、保護者や在籍学級の担任の先生に見せて、成長や変化を共有するとよい。

②　キャラクターを作成する：自分のキャラクターを絵で描き、それに名前を付けて変化を視覚的に表すのも一案である。自分研究所 P.140 の活動につなげることもできる。

生活 1

ねらい ●暗黙のルールの理解 ●ルール理解 ●ルールを守る ●学習態勢

対象 幼児／小(低)／小(中)／小(高)／中学

⏱ 15分程度
👤 個別～10名

学校生活を楽しく過ごすためのルール10

背景となる困難 学習態勢の未形成／集団参加への意識の低さ／不注意／衝動性／多動性

準備する物 ▶ルールの提示物／🆑ルールカード

この活動は？ 小学校に入学後、クラスで落ちついて集団生活を送るための基本的なルールを学びます。小学校1～3年生までに身につけておきたいスキルを取り上げます。

活動の方法

学校生活を楽しく過ごすためのルール10

❶ グループや子どもの実態や課題に合わせて、活動の前に10個程度のスキルを選択し、「学校生活を楽しく過ごすためのルール10」として、指導のはじまりに提示し、意識づける

❷ それぞれの指導場面で、必要なルールを取り上げ、再度ルールカードを提示して意識づける。必要に応じて、指導者が寸劇を見せて、ルールの内容や必要性を理解させる

学校生活を楽しく過ごすためのルール例（20項目）

① じゅぎょうちゅうは、いすにすわる
② じゅぎょうちゅうは、しずかにはなしをきく
③ てをあげて、さされたらはなす
④ よいしせいですわる
⑤ ちょうどよいこえではなす
⑥ きちんとならぶ
⑦ わからないときは、「おしえてください」という
⑧ いやなことがあったときは、せんせいにいう
⑨ まちがったら、やりなおしをする
⑩ じゅんばんをまもる
⑪ じかんをまもる
⑫ じかんになったら、すぐにやめる
⑬ よばれたら、「はい」とへんじをする
⑭ ひとのはなしは、さいごまできく
⑮ まけてもおこらない
⑯ 1ばんでなくても、できなくても、しっぱいしても、おこらない
⑰ なかよくあそぶ
⑱ わざとじゃなくても、いけないことをしたらあやまる
⑲ ともだちのなまえをおぼえる
⑳ こまったときや、にがてなときは、せんせいにそうだんする

SST ▶ DATA ▶ 5生活 ▶ PDF 1 ルールカード

❸ ルールは提示するだけでなく、ルールを上手に守れているときにしっかりとほめたり、ルールを思い出すように声をかけたりして（絵カード提示を行う場合もある）、適切な行動がとれるように支援する

❹ 帰りの会でルール10を指導者と子どもが一緒に振り返りを行い、よくできていたところをほめ、うまくできなかったところは、次回の指導で取り組めるように意識づける。できるだけ、うまくできた、がんばれたことに焦点をあてて、肯定的に評価するように心がける

ルールカード

よいしせいですわる

① **まえ**をむく
② **せすじ**ピンッ
③ **いす**にふかく
④ **て**はひざ
⑤ **あし**はゆか

子どもの特性に応じた配慮

- グループの子どもたちの実態に合わせて、ルールの数や内容を選択・設定する。それぞれの子どもの課題が1、2個ずつ含まれるとよい。守ることが難しいルールばかり設定すると、ほめることを中心にした指導ができなくなるので、それぞれの子どもが7、8割程度達成しているものを設定し、達成感や自信をつけさせる。
- 適切な行動を、事前に提示することで、「いけません」という否定的評価ではなく、「授業中は、いすに座ります」など、肯定的な表現を多く用いることができる。
- ルールが守れている子どもをほめることで、守れていない子どもが行動を修正していくような支援（モデリング）にもつながる。モデリングは、不適切な行動をすぐに自己修正するということにはならないかもしれないが、少しずつ時間をかけて、子どもの適切な行動への認識と自己コントロールにつなげていくことが期待できる。

手本となる子をほめて、モデリングにつなげる

では、きちんと手をあげている○○さん、答えをどうぞ

はい

生活 2

| ねらい | ● 自己管理 ● 物を大切にする ● 自分なりに工夫する ● |

対象: 幼児 / 小(低) / 小(中) / 小(高) / 中学

⏱ 5～10分
👤 個別

めざせ！持ち物マスター

背景となる困難: 不注意 / プランニングの弱さ

準備する物 ▶ 活動の方法❷ 💿 持ち物チェック表

この活動は？

不注意のある子どもには、忘れ物や宿題忘れなどで失敗してしまう状況がしばしばみられます。本人は故意に失敗しているわけではないのですが、当たり前にできていることが求められることなので、保護者や指導者だけでなく、本人の困り感も強いと考えられます。こうした状況を改善するための取り組みです。

活動の方法 ❶

教科ごとにパッキング！

時間割のそろえ方が"完璧"ではなく、学校に来てから、「ドリルがない！」「資料集はどこ？」といった事態になってしまう子どももいる。こうしたミスを防ぐために、教科ごとに必要なものをファスナー付きの透明袋に入れてまとめるとよい。授業が終わったら、教科書類一式を、その袋に戻す習慣づけをすれば、ドリルや資料集がバラバラになってしまうことがない。

透明のバッグを活用する

透明バッグは外から中身が見えるので、一式そろっているかどうかを確認しやすい

SST ▶ DATA ▶ 5生活 ▶ Word 2 持ち物チェック表

活動の方法❷

筆箱マスターへの道

❶筆箱、えんぴつを全部新品でそろえ、完全な状態にする

❷えんぴつ、赤えんぴつ、消しゴムなどに、それぞれ自分の名前を書く

❸それぞれのものに呼び名（愛称）をつける（「えんぴつ１号、２号、……」「ケッシーくん」など）

❹チェック表をもとに、なくなっていないか気をつけるようにすることを確認する

ポイント
- 筆記具を買いに行くときは一緒に行き、子ども自身に選ばせるなどして、物自体に愛着をもたせるとよい。
- "落としたときは戻ってくる"という前提で、他人の力も借りるとよい。

よーし、名前をつけよう！左から、えんぴつ１号、２号、３号、４号、赤くん、ケッシーだ！

先生、新しいえんぴつを買いそろえました

❺週に１度チェックを行い、"無事だった（紛失していなかった）"ときはＯＫスタンプやシールを貼る（紛失したものがある場合は、学級担任や保護者に連絡し、できるだけ探してみる。それでも見つからないときは、何がいつからないのかを、思い出すことからはじめる）

❻子どものレベルに応じて、「１か月全員（全部）無事祝」などのお楽しみ企画をしてもよい（短くなったえんぴつは"本務を全うした記念"に、空きびんや箱などに入れて祝福することで、そこまで失くさないで使えたことを喜びにすることができる）

持ち物チェック表の使用例

●●●● くんの　７月の巻
めざせ！ふでばこ マスターカード

	えんぴつ1号	えんぴつ2号	えんぴつ3号	えんぴつ4号	赤くん	ケッシー
8日		OK	OK	OK		OK
日						
日						
日						

呼び名を書く

紛失していなかったら、OKスタンプやシールを貼る

活動の方法❸

宿題忘れ大作戦

❶クラス全体で「宿題をやってくる」という決まりにする
　➡"やってもやらなくてもいい"というムードがあるクラスの場合、宿題忘れも個人の問題とはいえない

❷宿題の量・内容を子どもの力でできるレベルに調整する
　➡ＬＤ(エルディー)の傾向があったり、知的に低め(境界知能域)で、家庭でコツコツ課題に向かうことが難しい子どもにとっては、ほかの子どもと同じような内容の宿題が、相当な負担になる。量を減らしたり、内容を簡単なものにしたりする工夫が求められる

❸どんな宿題が出ているかを帰宅後もしっかり記憶できる(思い出せる)ようにする
　➡連絡帳にきちんと書いていないことがある。書いたら担任に見せて、書き忘れがないか確認してもらう。書き忘れて帰宅したら、電話で友だちに宿題の内容を聞く(低学年の場合は、保護者が聞く)必要がある

❹やり終えた宿題をランドセルに入れて、忘れないようにする
　➡せっかく宿題をやり終えても、ランドセルに入れることを忘れてしまうケースもある。時間割をそろえるときに、連絡帳を見て、宿題をランドセルに入れたかどうかもチェックする(保護者に協力してもらう)

❺持ってきた宿題を先生に提出し忘れないようにする
　➡宿題を提出する場所が決まっているが、朝、自発的に提出できない子もいる。先生が全体に宿題を提出するよう声をかける。それでも出さない子どもは、「話を聞く」スキルに課題がある。配慮の必要な子どもには、個別に声かけをする必要がある

子どもの特性に応じた配慮

　忘れ物が多い子どもの場合、保護者などの協力を求めてきめ細かくサポートするのと同時に、忘れてしまったときの対処法（早めに報告する、代替手段を考えるなど）も身につけておく必要がある。ミスや失敗が起こる可能性を踏まえ、"ダメージを最小限に抑える方法"を知っておくことが大切である。

---

column
14. ボールペンが入れ替わる？──持ち物マスターへの険しい道のり

　私は以前、大学に勤務しながら、週に1、2回クリニックにも勤めていました。いつからか、大学の助手さんやクリニックの受付の方々が、ボールペンに「助手室」「受付」と小さな名前シールを貼るようになりました。半年ほどたったころ、クリニックに「助手室」の、大学の助手室に「受付」のボールペンが数本みられるようになり、「もしかして、これって私の持ち出し？」と気づきました。そして、名前シールは私の持ち出し対策であったことも、そのとき知ったのでした。

　現在、大学も変わり、前の大学やクリニックで仕事をすることはなくなったのですが、今、私の研究室には「受付」と書かれたボールペンが2本あります。2年前まで勤めていたクリニックのものです。そのつど、謝罪をして多めにボールペンを買って返したりしていましたが、不注意はなかなか改善されないようです。

　整理整頓、持ち物、時間・スケジュールなどの生活面での自己管理は、幼少期から取り組むべきことでしょう。ただ、不注意やワーキングメモリの弱さがある子どもの場合、子どもたちの意識や必要性が高まらないと、いくら指導しても効果が上がりません。口うるさく言われれば言われるほど、やる気もそがれていきます。いかに不注意を補うか、工夫して自己管理していくかを考慮しつつ、子どもにとって自己管理が成功体験となるよう支援していきたいものです。（岡田）

生活 3

ねらい ● 自己管理 ● 急ぐ ● ていねいに作業する ● 指示に従う ● 報告する ● 見通しをつける ● 計画を立てる

対象 幼児 / 小（低）/ 小（中）/ 小（高）/ 中学

⏱ 5〜10分
👤 個別〜10名

めざせ！ タイムマスター

背景となる困難 時間感覚の弱さ / 不器用さ / マイペース

準備する物 ▶ 🎴 タイムマスターカード

この活動は？ 個人でできる作業的な課題を、提示された時間内に仕上げる活動です。「急いでやった」、「間に合った」ということを意識することで、普段、課題などをこなすときに、自分が人よりも（標準よりも）「遅れている（から急がなくては）」ということを意識できるようにします。

活動の方法

めざせ！ タイムマスター

❶「タイムマスター」とは、「何事も時間内に間に合わせるかっこいい人」という意識づけを行い、時間に間に合うとタイムマスターカードにスタンプがもらえ、メダルが贈呈されることを告げる

❷ 各自にタイムマスターカードを配り、書かれたミッションに子どもたちがチャレンジする

ポイント
● "うまくいく場合" と "うまくいかない場合" の両方の見本を見せる。その原因を子どもたちと確認（たとえば、「黒板の文字を連絡帳に写す」というミッションならば、「ていねいに書こうとして、何度も書き直すため時間切れになる」など）し、「読める字であればよい」などというように、コツを示してから取り組む。

タイムマスターカードの記入例

名前 ●●●● （ ／ ）
めざせ！ タイムマスターカード

ミッション1 （トランプならべ）	ミッション2 （れんらくちょう）	ミッション3 （つるつるまめつかみ）	ミッション4 （れんぞくちょうむすび）
2分15秒	1分10秒	1分13秒	2分50秒

タイムマスターメダルの例

SST ▶ DATA ▶ 5生活 ▶ Word 3 タイムマスターカード

子どもの特性に応じた配慮

- 作業スピードは、学年に応じて設定を変えるとよい。基本的には余裕をもった時間設定にする。
- 課題により、ていねいにしすぎる必要のないものと、ある程度ていねいにしなければならないものがあることを示し、その違いを説明する。

  ていねいにしすぎなくてよい例
  連絡帳に書く字は読めればよい。「宿題→㊗」「1時間目 国語→①国」など、省略記号などを使って効率よく書くことを指導する。

  ていねいにしなければならない例
  家に持ち帰る手紙は、ていねいに折らないと連絡袋に入らないため、きちんと折ってしまう必要があることを指導する。

- 不注意の症状が強い子どもの場合、家庭における朝のしたく(登校準備)、学校における帰りのしたく(帰宅準備)、着替え(体操着の着脱など)といった場面では、なかなか作業が進まない。保護者や指導者が「早く!」「何回言わせるの!」「いい加減にしなさい!」とさんざん声をかけた末に、最終的には大人がほとんどやってしまうというケースも少なくない。こうしたケースでは、大人の声かけは不可欠だが、ルーティンのようなものについては手順を紙に書いて掲示しておくと、声のかけ方も変わってくる(大人が「今何番までやってるの?」「次は何するの?」→子どもは手順表を見て確認する)。
- どの作業が何分までに終わっていればいいのか、手順表を見ながら子どもと確認してタイムマスターをめざすように促す。

朝のしたくの手順表の例

「めざせ！朝のしたくタイムマスター」

①起きる・顔を洗う・着替え	→	6時45分〜7時
②朝ごはん	→	7時〜7時20分
③トイレ	→	7時20分〜35分
④テレビみてのんびり	→	7時35分〜45分
⑤最終チェック、「行ってきます！」	→	7時45分〜50分

> **アレンジ・バリエーション**

作業で必要なスキル（道具を使う、手先を細かく動かすなど）を向上させるためにトレーニングを行うとよい。

① 定規で線を引く、切る、貼るなどのトレーニング

矢印を結ぶ線を定規で引く　　線に沿ってはさみで切る　　切った紙をのりで貼ってすべてつなげる

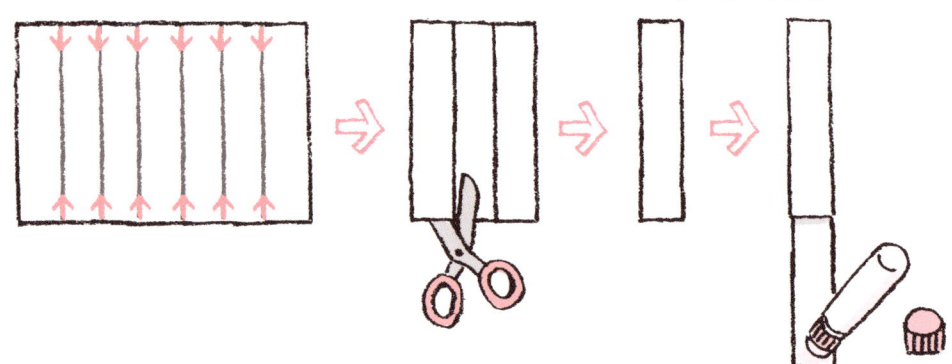

② トランプを1〜10まで並べる。トランプを赤と黒（または、マークごと）に分ける

③ 豆を箸でつかみ、別の皿に移す

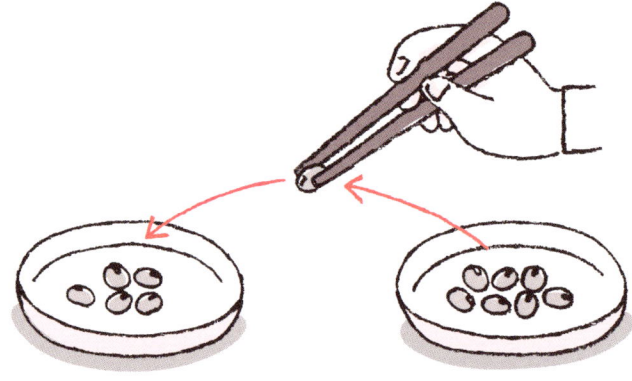

4 2人組みで課題に挑戦する

協力のしかたの例
- ポリエチレンテープを1mの長さで2本切る
- 2色のドミノを交互に並べる(全部で20個)
- 1〜10までのトランプをランダムに10枚ずつ持ち、協力して順に並べる

---

column

15. "成功体験"って何!?

　特別支援教育だけでなく、通常教育においても「成功体験やほめることが大切」とあちこちで言われるようになっています。先日、ある学校のスーパービジョンを頼まれ、「運動・動作」の授業をみました。そこでは、感覚統合の課題としてよく行われている「サーキット」P.56 を行っていました。元気のいい初任の先生は、「いいよ、その調子!!」「そう、よくできた!!」と子どもをほめちぎっていました。最後に振り返りの時間があり、子どもたちはサーキットの感想を求められました。

　先生「今日のサーキットはどうでしたか?」、子ども「よくできました」、先生「何がよくできましたか?」、子ども「いい調子でできました」、先生「何がいい調子でしたか?」、子ども「(先生の?)声がいい調子でした」

　何ともちぐはぐなやり取りでした。心理学の概念に、自己効力感(セルフ・エフィカシー)というものがあります。1つのことが確実にできた経験が積み重なると、「次も、うまくやれる」という確信(エフィカシー)が持てるようになります。そのエフィカシー(課題特異的セルフ・エフィカシー)は、ほかの行動への自信にもつながり、全般的な効力感(一般性セルフ・エフィカシー)が向上していきます。

　そのため、確実に「これ」ができたという経験が重要になるのですが、何をほめられているのかわからないようなほめかたは、ときに、子どものプライドや根拠のない自信を増大させてしまいます。特に、自閉症スペクトラム障害の子どもは、他者の意図をくみ取ったり、ことばの裏にある意味を察したりすることが苦手ですので、何をほめられているのか、子どもがわかるような具体性が重要となります。(岡田)

生活 4

ねらい ● 暗黙のルールの理解 ● ルール理解 ● ルールに従う ● マナーを知る ●

対象 幼児 / 小(低) / 小(中) / **小(高)** / **中学**

⏱ 20分程度
👤 個別～10名

社会の常識・非常識

背景となる困難 暗黙の了解の悪さ / 応答性や相互のやりとり

準備する物 ▶ 💿 社会の常識・非常識ワークシート

この活動は？ 学校だけでなく、社会にはさまざまな暗黙のルールやマナーがあります。それらに気づきにくい子どもたちは、改めて"社会の常識"について学ぶ機会が必要です。さまざまな場面を例に挙げ、常識・非常識についてグループで話し合いながら学ぶ活動です。また、常識は場面によって変わるため、ＴＰＯに合わせた対応についても学びます。

活動の方法

社会の常識・非常識

❶ 社会の"暗黙のルール"やマナーについて、指導者や子どもたちが実際に失敗したり、問題・トラブルになった例を取り上げる

❷ 社会の常識・非常識を知ることは大切であることを教示し、ワークシートに取り組む

❸ 場面ごとに、"常識"か"非常識"か、"ＴＰＯによる"かを考え、各自の意見を発表し、その理由を出し合う。「どのような場面ならよいのか」「だめなのか」についても考える

❹ 必要に応じてロールプレイを行いながら、適切な対応の方法を学ぶ

❺「学校で」「街中で」「電車の中で」「家庭で」など、さまざまな場面での"常識・非常識"について、意見を出し合ったり、話し合ったりする

社会の常識・非常識ワークシート

社会の常識・非常識

月　日　名前

社会にはいろいろな暗黙のルールやマナーがあります。これら社会の常識を知りその場の状況を理解してうまく対処することが大切です。
これから出てくる問題は、常識か非常識か考えましょう。
また、どのような場合ならよいのか（だめなのか）？についても考えましょう。

1. 授業中、先生に、ためグチで話す
　　　　（常識・非常識・ＴＰＯによる）
理由：＿＿＿＿＿＿＿＿＿＿＿＿＿＿＿＿＿
例外は？（どんな場合ならよい？わるい？）：＿＿＿＿

2. 病院の中で、携帯電話で、大声で話す
　　　　（常識・非常識・ＴＰＯによる）
理由：＿＿＿＿＿＿＿＿＿＿＿＿＿＿＿＿＿
例外は？（どんな場合ならよい？わるい？）：＿＿＿＿

3. 電車の中で、知らない人がとなりでやっているゲーム機や、携帯電話の画面をのぞきこんで見る（常識・非常識・ＴＰＯによる）
理由：＿＿＿＿＿＿＿＿＿＿＿＿＿＿＿＿＿
例外は？（どんな場合ならよい？わるい？）：＿＿＿＿

SST ▶ DATA ▶ 5生活 ▶ Word 4社会の常識非常識ワークシート

子どもの特性に応じた配慮

- 発達段階によって必要となる社会的知識は異なる。就学前であれば、「遊具を共有する」「順番交代をする」など、小学校低学年であれば「学校生活を楽しく過ごすためのルール10」P.146、高学年や中学生になれば、より高度なルールで、より柔軟な判断が求められる。パターンで覚えていくことだけでなく、状況や相手に合わせてルールや常識を捉えていくことも必要となる。
- 社会性の困難が強かったり、柔軟な思考ができなかったりする子どもの場合は、時と場合によって捉え方が変わるルールは理解しがたい。まずは、「こういうときはこう」と1対1のパターンをしっかりと教え、定着させることが必要である。その後、パターンを増やし、「人のことは注意しない」ということを教え、それができるようになったときに、「ルール違反をしている人を見つけたら、先生にこっそり教える」といった柔軟な対応のしかたがあることを教えるようにする。

column
16. "空気を読む"ってことは？

　自閉症スペクトラム障害やＡＤＨＤのある子どもたちは、よく"空気が読めない"と言われます。一時期、空気が読めない人を「ＫＹ」と言い、からかいの対象にもなっていました。さて、"空気を読む"とは、どういうことでしょうか。

　社会的情報処理やソーシャルスキルの生起プロセスの観点からは、社会的刺激（他者の反応など）に注目し、それを理解するといった情報処理プロセスの初期段階のエラーとして説明がつきます。

　ＡＤＨＤにありがちな不注意や衝動性は、周りの状況に注意がいかなかったり、じっくりと状況を考えることができなかったりするという問題につながります。また、自閉症スペクトラム障害の「ジョイントアテンション」や「心の理論」の問題は、他者のようすに無頓着であったり、目に留まっても、意図や感情がうまくくみ取れなかったりする問題を引き起こします。自閉症スペクトラム障害とＡＤＨＤの困難が重複すれば、空気を読むということにさらに苦戦することになるでしょう。

　空気を読むのが苦手な子どもには、「周りのみんなは静かにしているよ。見てごらん」などと周りのようすや相手の反応に目を向けるように具体的に声をかけることや、他者の気持ちや考えなどを、大人がていねいに解説して気づかせることに努め、不注意や心の理論障害に応じた支援の方法が望まれます。（岡田）

生活 5

ねらい ● 暗黙のルールの理解 ● マナーを知る ● 身だしなみ ● 自己管理

対象 幼児 / 小(低) / 小(中) / **小(高)** / **中学**

ワークシート1枚10分程度

女子個別〜3名

ステキなお姉さんになるためのエチケット講座

背景となる困難 状況理解の弱さ / 変化に対する苦手さ / ボディイメージの困難

準備する物 ▶ エチケット講座ワークシート

この活動は？ 思春期を迎えた、あるいは思春期にさしかかった女子が「女性として身につけておきたい振る舞い方や身だしなみ」を学ぶ際に使用する教材です。第2次性徴期の入り口となる学齢期後半、思春期の小学校高学年から中学生の女子を対象とします。

活動の方法

ステキなお姉さんになるためのエチケット講座

❶ 指導者は女性で、メンバーは女子のみの個別または少人数のグループで行う

❷ 指導者が、活動についての説明（だれと何を学ぶのか）を行う。このとき、「今日はみんなでステキなお姉さんになるための方法を一緒に勉強しましょう」「めざせ女子力アップ！」など、子どもの興味・関心を引き出すような働きかけを心がける

❸ 先にワークシートの表のクイズ（「はい／いいえ」の二者択一式）に取り組んでもらう。ここで、子どもの理解度や困難さを問うとともに、活動に対する興味や関心を持たせる（最初の1問目だけは、指導者が読み上げて一緒に、またはグループで取り組んでみるのもよい）

❹ 別紙の解説に沿って、表のクイズに関連した内容について説明する。このとき、表のクイズでみられた子どもの理解度や困難さに合わせて、指導者が内容を付け加えたり、解説のポイントを絞ったりすることが望ましい

（お出かけのとき、身だしなみチェックちゃんとしてる？ / はい / 私はあんまり鏡を見ないかな…）

SST ▶ DATA ▶ 5生活 ▶ PDF 5エチケット講座ワークシート

子どもの特性に応じた配慮

- 指導者およびグループのメンバーは、全員女性であるということが重要である。ワークシートで扱う性の話題や身だしなみなどについては、男性と話すものではないという認識を持たせるためにも、女性だけの場で行うことを徹底する。
- ワークシートは一度にすべて使用する必要はなく、子どもの必要性に応じて使用する。年齢、発達段階や理解のレベル、子どもの適応状態を考慮したうえで、ワークシートを選択して用いるのがよい（中学生であれば生理の基本的な知識の部分は省くなど）。
- 使用するワークシートの内容によっては、実物を用いて実演しながら説明するのもよい。

使用済みの生理用ナプキンの捨て方

生理用ナプキンになじみのない子どもに対する指導では、ワークシートで手順を説明したあと、実際に指導者が目の前で実演してあげるのもよい

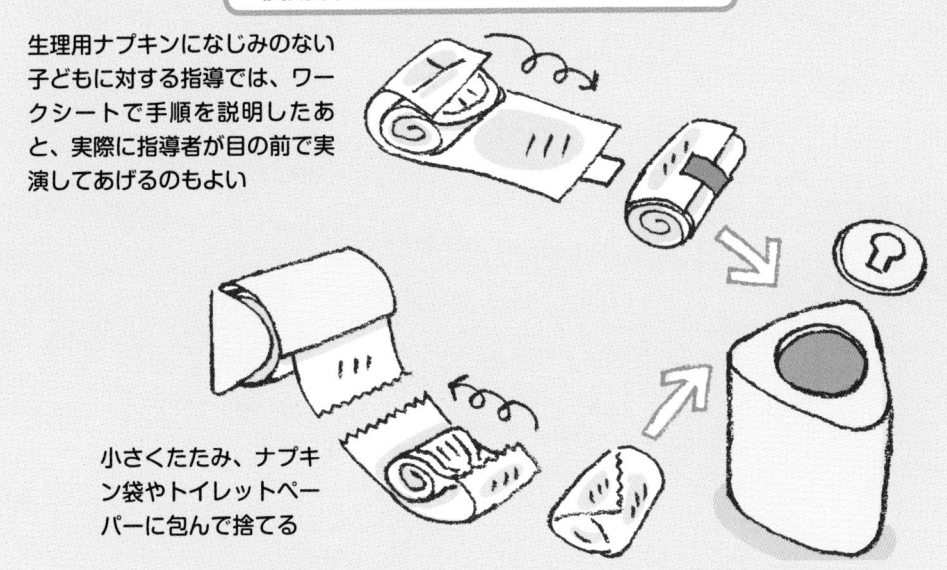

小さくたたみ、ナプキン袋やトイレットペーパーに包んで捨てる

- 最初に"どう行動すべきか"を具体的に提示したうえで、手順を示し、場面に応じてパターン化することにより、子どもが見通しをもちやすくなるよう配慮するとよい。
- 説明時は、さまざまな可能性や対処法があるということを教えるよう意識し、断定的に言わない。「〜かもしれません」「〜するのもよいでしょう」など、含みを持たせた表現を用いる。子どもが通う学校によって校則の違いや地域差があることも考慮し、"必ずしもそうでない"という表現を付け加える。
- ワークシートでは、「〜な人もいるかもしれません」など、他者に目を向けた客観的な表現が用いられている。"自分と他者は違う"という認識を子どもがもてるよう、他者の視点も取り入れた説明をする。

アレンジ・バリエーション

① 導入のしかたを変える：グループの構成には、十分な配慮が必要である。知的水準や年齢だけでなく、社会性水準や活動への動機づけもポイントとなる。メンバー間の関係性も大切で、普段から一緒に活動しているのか、そうでないのかによって、活動への導入のしかたを変える。

メンバー間の関係性を深める活動

性に関することなどは、非常にプライベートな話題であるため、この活動もメンバー間の関係性がある程度深くなってからはじめるとよい。導入として、メンバー間での自己紹介や、簡単なゲームなどを行い、緊張をほぐしてから活動に取り組む。

② 子どもの意見を取り入れる：活動に慣れてきたら、指導者のほうから「〇〇さんの学校はどう？」と、子どもの意見を聞いてみるのもよい。子どもの通う学校、地域差や校則によって違いが出てくると、比較することもできる。自分と他者は「違う」という認識や、「必ずしもそうでない」という理解を促すことも可能である。

③ 子どもの実体験を聞く：中学生など年齢が高い子どもに指導を行う場合、「〇〇さんはこんなときどうした？」など、子どもの実体験を聞いてみる。ワークシートに掲載されている以外の対処法を見出すことができたり、自分が困っていることや悩んでいることを話したりするきっかけにもなりうる。

性に関する活動にはじめて取り組む子どもや抵抗のある子どものケース

◆最初に活動について説明をする際、「わからなくても大丈夫なこと」と「疲れたときは休憩できること」を事前に伝えておく。

◆ほかの活動と組み合わせるなどして、少しの枚数ずつ取り組むようにする。また、比較的抵抗が少ないと思われる、身だしなみのワークシートからはじめるなどの配慮をする。

ワークシートの例と使い方

イラストも交えた具体的な場面にもとづいた2択のクイズで、活動における問題意識や興味を引き出す。クイズに関連した内容の解説・説明を掲載し、定型発達の女子が、友だちとのおしゃべりから身につけるような知識・情報も扱う

> ナプキンはこのポーチに入れておこうかな。でも目立っちゃう…？なかみを聞かれたらどうしよう？

Q. トイレに行くときなど、新しいナプキンはポーチに入れて持ち歩くのがよい

Yes（はい） ・ No（いいえ）

> 明日のバーベキュー楽しみ！どんな服を着ようかな？そうだ！　この前買ってもらった、ワンピースを着ていこう

Q. 友だちと、よごれやすい場所でバーベキューをするときには、新しいワンピースを着ていく？

Yes（はい） ・ No（いいえ）

生活 6

教材・書式

対象 **幼児** 小(低) 小(中) 小(高) 中学

おたすけカード

準備する物 ▶ 🆑 おたすけカード（クールダウンカード／ＨＥＬＰカード／トラブル話し合いカード）

この活動は？ 学校生活においては、先生の考え方や指導方針、クラスの雰囲気などにより、同じ行動をとっても大丈夫な場合と注意される場合とがあり、そのため、発達面で困難をもつ子どもは、臨機応変に対応できず、戸惑ったり不快な思いをしたりすることがあるでしょう。このような子どもに対しては、パニックになったり、かんしゃくを起こしたりせずに、問題解決が図れるよう子どもを指導することが大きな目標となります。具体的には、**クールダウンをする、ルールや約束を先生と確認する、トラブル場面を理解して適切な解決方法を柔軟にとる、信頼のできる大人にヘルプを求める**ことなどを、「おたすけカード」を活用して指導します。

活動の方法

おたすけカード

子どもに、必要な場面で先生に提示するミニカード（おたすけカード）を持たせる。たとえば、「クールダウンカード」はクールダウンしたいときに、「ＨＥＬＰカード」はトランプのルールがわからない、算数の問題が解けないから教えてほしいなど、先生に助けてほしいときに提示し、自分の意思を伝える。このほか、トラブルが起こったときに提示する「トラブル話し合いカード」などをつくってもよい。

「クールダウンカード」の使用例

❶ 子どもが授業中、気持ちや感覚が落ちつかず、クールダウンしたいと感じたときに、「クールダウンカード」を先生に提示する

❷ 教室を出て行くことは好ましいことではないので、教室を離れる正当な理由を設定する
　　例　職員室や保健室におつかいを頼む、先生のお手伝い係をお願いするなど

❸ 行く場所（子ども自身が落ちつける場所で、安全を確保できる場所）をあらかじめ決めておくことが望ましい

❹ 気持ちが落ちついたら自主的に教室に戻らなければならない（リカバリーする）ことを約束させる

> **留意点**（クールダウンカード・HELPカード）
- 子どもが落ちついている状況で、カードの使い方を確認しておく
- 使い方をマスターするまで、子どもとともに先生も使い、場合によっては、「こういうときにこのカードを提示するといいですよ」などと、具体的な使い方を教える
- カードを使うことに慣れるまでは、子どもの要求を断らない
- カード使用に慣れてきたら（定着してきたら）、切りのいいタイミングで折り合いがつけられるよう、条件をつける（たとえば、「HELPカード」を提示して要求してきたことに、すぐに応じないで、5分間だけ待たせるなど）

> **留意点**（トラブル話し合いカード）
- 「トラブル話し合いカード」は、トラブル発生時に子ども自身が提示することは難しいため、先生が「話し合おう」と誘いかけ、提示するようにする

HELPカード・クールダウンカード

> **ポイント**
- 学級担任や通級指導教室担当者だけが把握しているのではなく、全校で子どもとおたすけカードの契約を交わしていることを知らせておく必要がある。用務員や事務職など、学校職員全員に周知しておき、指導の一貫化を図る。
  - ➡ クールダウンのため授業時間に廊下を歩いていて、ほかの職員からの無理解な叱責を避けることができる
- 教室から出ていき、自分をコントロールすることを認めたうえで、自分でリカバリー（教室に戻る）できたときはしっかりほめる。
  - ➡ 授業に参加するより教室を出ていくことのほうがずっと楽である。したがって、クールダウン（リフレッシュ）のためとはいえ、易きに流れないことが重要である
  - ➡ 教室から離れ、クールダウンすることで、気持ちを切り替えて授業へ向かうことができるようになることを意識させていく

生活 7

教材・書式

対象 　幼児　小(低)　小(中)　小(高)　中学

連絡帳の活用法

準備する物 ▶ CD 連絡帳書式

この活動は? 療育機関や指導機関、通級指導教室など特別な場での指導は、子どもの生活全体からみると一部分でしかありません。在籍学級の担任の先生や保護者と連携を取りながら、包括的に子どもを支援していくには、支援者間で子どものようすや指導のめあてなどを共有しておくことが大切です。そのツールとして、連絡帳が大きな役割を果たします。

連絡帳を活用するメリット

❶ 子どもががんばっていること、取り組んでいることを支援者間で共有することで、学んだスキルを指導機関以外でも実践できるよう促してもらったり、実践できた場合にほめてもらったりすることができ、学んだスキルが般化させられる

❷ 支援者間で日常の出来事が共有できることで、子どもと取り上げる課題をタイムリーなものにすることができる。また、指導機関以外での課題を子どもと共有することで、子どもの困り感に、より具体的に沿っていくことができる

❸「連絡帳を保護者に見せる」「担任に見せる」「次回持ってくる」という"仕事"が、子どもにとっては自己管理のスキルアップに役立つ

❹ 特別な場での専門的な視点が、それぞれの場での課題解決につながることもある。必要に応じて関係者会議を開き、課題の共有を図るなど、積極的な連携が必要となる

支援者間の情報交換・意思疎通に役立つ

SST ▶ DATA ▶ 5 生活 ▶ Word 7 連絡帳書式

連絡帳の活用法

❶**指導機関による記入**：その日の指導のようすを、できるだけ具体的に伝えるようにする。活動のねらい、その場面での子どものようすなどを記す。よかった場面はもちろん、課題と思われることにも触れる必要がある。ただし、課題ばかりを並べることは好ましくない。課題は課題として事実を曲げずに伝える一方で、指導者の肯定的な場面としてとらえ、子どもに返していく姿勢がほかの場面の大人の対応のスタンスにもつながる

> 記入例　1時間目のようす
> 　　B先生からサーキットで準備する物の指示がありましたが、Aくんは忘れてしまったようで困っていました。そばに行って「忘れたら、聞けばいいんだよ」と教えると、聞きに行くことができました。ナイスでした！　Aくんの場合、指示の聞きもらしは起こりがちなので、あとで聞き返すことが悪いことではなく、"何とかしようという姿勢は評価される"のだということを本人に伝えていくようにするといいですね。

(イラスト：母「先生に、言われたことを聞き直すことができたのね。よくできたね！」／子「うん」／「…先生にもう一度質問に行くことができました…」)

❷**保護者による記入**：家庭であった出来事などから、よくできたこと、成長が感じられたことなどを報告する

> 記入例　家族で登山
> 　　土日は家族4人（父、母、妹）で登山をしてきました。以前、途中で「登りたくない！」とぐずっていたのがうそのようで、今回は妹がぐずると、待ってくれたり、「がんばろう！」などとはげましの声をかけたりして、お兄さんらしいようすがみられ、成長が感じられました。

❸ 在籍学級の担任による記入

記入例❶ ノートの提出
　今週は、自分から「先生、これ！」と、このファイルを提出してくれました。通級で行ったサーキットの話について尋ねると、うれしそうに内容を話してくれました。

記入例❷ 運動会に向けて
　応援団に立候補しましたが、残念ながら選ばれませんでした。涙を流してしばらく伏せていましたが、次の時間はがんばって切り替えていました。その後も、運動会の練習をがんばっています。当日を楽しみにしていてください。

連絡帳を活用したケース例

（図：保護者「困ってます！」／学級担任「困ってます！」／指導者「宿題の量と内容を見直してみましょう」。中央に「家で宿題をやらない…」。保護者と学級担任の間、保護者と指導者の間、学級担任と指導者の間で「相談」「助言・提案」のやりとり）

家庭より
　最近、宿題をやらなくて、毎日大ゲンカです。「うるさい！　別にやらなくてもいいんだ！」と開き直っています。確かに本人にしてみればわからないところがあったり、量が多くていやになったりしているのだと思いますが……。学校では大丈夫なのでしょうか？

学級担任より
　宿題の件ですが、最近やってこない日が多く、休み時間にやることになりますが終わらず、結局、放課後までかかってやっています。遊び時間が足りなくなり、本人も不満気です。ただ、「〇〇くんだけやらなくてよい」というわけにはいかないので……。こちらも悩んでいます。

通級より
　宿題の件、本人に聞くと、「問題が難しくてわからない」というのが本音のようです。一度、お会いして、宿題の出し方について話し合いませんか。ご連絡しますね。

こうしたやりとりのあと、関係者の間で話し合いが行われ、その後の連絡帳では…

家庭より
先日の話し合いで宿題の量も減らしてもらえたので、なんとか仕上げて提出できるようになりました。私も宿題を"やらせる"のでなく"やるのを応援する"つもりでがんばっています。

学級担任より
宿題はいい調子でできています。本人も1日の学校生活がスムーズに流れるので、いい表情をしています。「宿題を忘れた」というマイナスのかかわりがなくなり、お互い気分よく過ごせています。

子どもの特性に応じた配慮

- 基本的には子どものよい点を書くようにする。子どものなかには、連絡帳の内容を読む子もいることを踏まえる必要がある。
- 子どものプライドや自尊心が傷ついてしまう内容や、子どもとは共有しないほうがよいものは、担任が保護者と直接電話などでやりとりするのがよい。関係が深まるなかで、マイナスに思えるようなことも共有できるようになることが望ましい。

子どもに共感するのか、再度子どもを注意してしまうのか、指導者の取り上げ方によってその後の展開が変わるのも事実である

生活 8

教材・書式

対象　幼児　小(低)　小(中)　小(高)　中学

ニーズ調査票の活用法

準備する物 ▶ 💿在籍学級担任ニーズ調査票 / 💿保護者ニーズ調査票

> **この活動は？** 指導機関におけるソーシャルスキルトレーニングは、在籍学級などの生活場面での適応状況の向上をめざします。そこで、**指導機関と在籍学級担任、保護者の3者の連携**が非常に重要になってきます。3者が足並みをそろえ、子どもの成長を支えることで、よりよい教育効果が生まれます。そこで、それぞれのニーズをどのように調査するかの一例を紹介します。

ニーズ調査票の活用法

年度末評価に向けて

　通級指導学級では、年度末に保護者懇談を開催し、個別の指導計画の評価をもとに1年の振り返りを行うことがある。その懇談の前に、それぞれの場面での子どもの成長を確認しておく。重要な点は、子どもの成長をポジティブに評価してもらうということである。学校での成長を保護者に、家庭での成長を在籍学級担任に伝えていくことが連携や協働の第一歩となる。

　合わせて、次年度のニーズを記入してもらい、それをすり合わせていく作業を通級指導学級のような指導機関が担う。そのうえで通級指導学級における目標を考えていくとよい。

学級担任：○○くんの授業中に立ち歩く回数がもう少し減るといいですね

保護者：家で宿題をきちんとやるようになってほしいですね

指導者：お友だちの話を最後まで静かに聞けるようになるといいですね

↓　↓　↓

各支援者のニーズをすり合わせる必要がある

SST ▶ DATA ▶ 5生活 ▶ Word 8在籍学級担任ニーズ調査票 ▶ Word 8保護者ニーズ調査票

保護者ニーズ調査票の例

(保護者評価シート)

在籍学級担任ニーズ調査票の例

(在籍学級担任評価シート)

個別の指導計画への反映

これらの調査から得られたことを、次年度の個別の指導計画に反映させていく。

成長したというポジティブな評価

発達障害のある子どもの保護者や在籍学級担任は、子どもに「もっとこうなってほしい！」という願いが強かったり、(思わず)同じ学年の子どもと比べてしまうことが多く、ネガティブな評価になりやすい。

子どもに対し、ポジティブな評価をすることで、子どもの長所に目がいくようになる。そうすると、対応もポジティブに変わり、結果的に子どもにとってプラスになる。支援者がみな、子どもの"よさ"を見つめるようにし、ニーズのすり合わせを行うことがとても重要である。

子どもの長所・成長を評価したうえで、さらに本人が"輝ける"ようにするために、どんな支援が必要か考え、支援をすることが大切

169

生活 9

教材・書式

対象 小(中) 小(高) 中学

⏰ 20分程度
👤 個別

学校チャレンジシート

準備する物 ▶ 🆑 学校チャレンジシート

この活動は？ 在籍学級で不適応行動がある子どもに対し、1日の記録をみて振り返り、うまくいっている時間もあることを自覚させるとともに、課題や次への対策、対処方法を考えていくためのツールとして活用します。

活動の方法

❶ 子どもの抱えている課題を解決するうえで、まず、うまくいかないことを記録することが重要であることを、ていねいに説明する(本人が必要性を感じてから、課題に取り組む)

❷ 本人と改善したい行動や問題(暴言が出てしまう、授業中に席を立ってしまうなど)について話し合い、共通理解を図る

❸ 課題を1つ取り上げ、どのようにできればよいかを話し合い、評価も本人と一緒に決める

評価例
- 先生に許可なく教室の外に出た ➡ 残念
- 先生に断るカードを渡して外に出た ➡ △
- 席に座って別の課題をした ➡ ○
- 席に座って課題に参加した ➡ ◎
- 注意されたらすぐに直すことができた ➡ ☆
など
＊ネガティブな評価ばかりにならないような設定が重要

学校チャレンジシート

学校チャレンジシートの記入例

ポジティブな表現にする
×席を立たないようにする
○すわって授業を受ける

学校チャレンジシート　名前 ●●●●

めあて　すわってじゅぎょうを受ける

	/月	/火	/水	/木	/金
1	国語 ○	体育 ◎	通級 ◎	道徳 ○	図工 ◎
2	算数 ○	社会 ざんねん	通級 ◎	音楽 △	図工 ◎
3	家庭科 ☆	算数 ○	通級 ○	理科 ◎	国語 ◎

コメント：

担任、保護者、通級担任が書き込む。
肯定的なコメントになるよう工夫する

SST ▶ DATA ▶ 5生活 ▶ Word 9 学校チャレンジシート

❹1週間の記録用紙(あるいは1日の記録用紙)に、親や学校の先生に記録してもらい、必要に応じてコメントをもらう。できるかぎり、肯定的なコメントを加えるようにする
❺指導機関では1週間ごとに振り返りを行い、本人の変化や頑張りについて肯定的にフィードバックを行う

子どもの特性に応じた配慮

● 本人にどうにかしたいという気持ちがない場合は、子どもを追い込むマイナスの活動になってしまう。子どものニーズや思いがあることが前提の活動である。
● 不適応や問題行動が顕著な子どもの場合、すべての時間で問題が起こっていると思われがちだが、1週間分の記録を見直すと、安定して過ごせている時間もあると自分で気づくことがある。子ども自身が自分の行動や周りの状況に気づき、どうすればよいのか導き出せるように支援することが重要である。
● 失敗が多い子どもの場合、うまくいっていることも評価しつつ、うまくいかないところでどうすればよいかを考えていくとよい。本人の応援や、うまくいくようにチャレンジするための記録であることを伝え、肯定的な評価ができるように評価の方法を工夫する必要がある。
● 不適応行動が起きている場面の、前後の場面を具体的に検討していくことが大切。本人への聞き取りだけでなく、在籍学級での情報収集も欠かせない。本人に改善の努力を迫るだけでなく、指導者も設定している課題に無理がないか、環境調整の必要性はないかなどつねに検討する必要がある。

ポイント

学校でパニックを起こしたり、興奮して暴れたりする場合、必要に応じてクールダウンスペースなどの利用を本人と約束し、設定しておくのもよい。学校チャレンジシートのなかで、「自分からクールダウンスペースに行けた」「促されなくても自分から戻ることができた」など、肯定的な評価ができると本人のはげみになる。

学校チャレンジシートを見て振り返る

社会はノートを写すのが大変で、途中でいやになっちゃうんです

金曜日は1日教室で過ごせたね。すごいよ。

社会の時間に席を立つことが多いの?

生活 10

教材・書式

対象 | 幼児 | 小(低) | 小(中) | 小(高) | 中学

家庭チャレンジシート

準備する物 ▶ CD 家庭チャレンジシート

この活動は？ 指導機関ではがんばることができても、家庭で難しい子どもや、家庭内での役割がなかなか見出せない子どもがいます。そこで、「チャレンジシート」を使って、**指導機関で学んだことをほかの場面へ般化させる**ことや、**家庭のなかでお手伝いなどの役割分担ができるようになる**ことをめざします。そして、親や指導者からほめられたり、感謝されたり、また、**仲間から認められたりする経験を増やしていく**ことをねらいとします。

活動の方法

......家庭チャレンジシート......

「チャレンジシート」の活用法

多くの指導機関では、家庭や在籍学級との連携手段として「連絡帳（ファイル）」を活用している。そこで、連絡帳のなかに、「チャレンジシート」を貼り付け、指導のたびにそれまでの行動の振り返りを行う。月ごとに、めあてを変更できるようにするとよい。

活用例

- 指導機関での学びの般化を目指す場合
  ↓
  「弟に対して、あったかことばを使うことができる」
  「前日に時間割をそろえる」など
  ↓
- 家庭での役割分担をめざす場合
  「風呂掃除をする」
  「新聞を取ってくる」
  「カーテンの開け閉め」など

連絡帳にはさみ込んだり、貼り付けるとよい

SST ▶ DATA ▶ 5生活 ▶ Word 10 家庭チャレンジシート

「チャレンジシート」の振り返り

指導機関に来たときに、「チャレンジシート」の振り返りを行う場面を設定し、「何をがんばったか」「自分からがんばることができたか」を子どもどうしで話し合いながら、認め合う。「もっとがんばろう！」と思わせることが大切である。

大事にしたいポイント

- みんなから認められるということ。
- 自分から意識できるということ。
- コツコツ継続することの素晴らしさを知ること。
- 家庭で役割を果たすこと。

家庭チャレンジシートの使い方

- 月ごとの目標を先生と一緒に考える
- チャレンジする期間を決める
- 月の最後に保護者にほめてもらう
- 家庭からもサインをもらって認めてもらう。少しでもできればOKとする
- シールは指導のときにほかの子どもと一緒に貼る

家庭チャレンジシート　名前＿＿＿＿

やること

がんばるとき	おうちの人のサイン	シール
/（ ）～ /（ ）		
/（ ）～ /（ ）		
/（ ）～ /（ ）		
/（ ）～ /（ ）		
/（ ）～ /（ ）		

おうちの人から一言

さくいん

あ

アイデア王は君だ！（ブレーンストーミング） 76
相手のようすに注意を向ける 96、98
あったかチクチクドッジボール 96
当てられなくても怒らない 42
暗黙のルールの理解 108、146、156、158
いいね！カード・ありがとうカード 112、113
意見を言う 74、76、90、102、134
意見を聞く 64、74、76、90、134
急ぐ 152
依頼する 68、70、126
いろいろバスケット 45
インタビューゲーム 68
"裏の常識"川柳 108
SSTすごろく 88
応答する 68
怒らない 42、54、70
おたすけカード 162
おちたおちた（聞くバージョン） 39
おちたおちた（見るバージョン） 46
お願いカードゲーム 70
お願いトランプ 70
お礼を言う 68、70
温怒計ではかろう 122

か

かえるキャッチ！ 45
学習態勢 146
学校生活を楽しく過ごすためのルール10 146
学校チャレンジシート 170
家庭チャレンジシート 172
かぶらナイス！ 102
感謝を伝える 112
感情語の理解 116、118、120、122
感情の認識 84、116、118、120、122、126
聞く 38、40、42、52、54、56、78、80、92
聞く修行 38
決まったことに従う 90
きみはどっちのタイプ？ 134

きもちくんクイズ（重なる気持ちクイズ） 117
気持ちツリー 116
気持ちツリー＆きもちくんクイズ 116
気持ちでビンゴ 118
気持ちの切り替え 126
気持ちの切り替えインタビュー 126
気持ちはなんど？ 120
きもっちさん・こまったちゃん 132、133
気持ちを表現する 104、116、118、120、122、130、132、136、144
教科ごとにパッキング！ 148
教材・書式 162、164、168、170、172
協力する 74、80、88
挙手する 48
挙手で発言 42
計画を立てる 90、152
肯定的にかかわる 76、80、96、104、108、112
ことばで伝える 64、70、80、130、132
ことばのやりとり 64、68、84、94
こっちむいてハイ！ 48

さ

サーキット 56
3ヒントクイズ 74
自己管理 148、152、158
自己紹介すごろく 92
自己選択 134
自己の課題の理解 136、140、144
自己表現 78、88、140
自己理解 78、112、130、132、134、136、140、144
自己を振り返る 98、108、118
指示に従う 48、52、56、60、152
指示理解 38、40、44
事前活動（個別） 137
視線を合わせる 48
質問する 68
自分研究所 140
自分なりに工夫する 148
社会的参照 50
社会の常識・非常識 156
じゃんけんぽん・ポン 44
柔軟に考える 102

174

宿題忘れ大作戦	150
順番を守る	88
状況理解	98、108
人生バイオリズムマップ	130
ステキなお姉さんになるためのエチケット講座	158

た

他者視点に立つ	102、116、126
他者理解	78、112、144
着席する	52
注意されたら直す	52
注意集中	50
注目する	44、48、50、52
調理	60
伝われ！　テレパシー！	50
ていねいに作業する	60、152
テーマに沿って話す	92
出来事を振り返る・思い出す	84
動物カード集め	71
動物たちの住むビル	80

な

仲間意識	96、112、136
仲間探し	64
仲間と課題を共有する	140
仲間にかかわる	88、94
何して遊ぶ？	90
名前を覚える	70、94
なんでもQ（クエスチョン）	78
ニーズ調査票の活用法	168
ネガポ・バスケット	136

は

ばっちりマーク（学習態勢カード）	52
話し合う	60、74、80、90、104
話す	92
人前で話す	136、144
ビフォー＆アフター	144
筆箱マスターへの道	149
振り返る	98、108、118
ペア探し	94
ヘルプを出す	132
返事をする	48、52

報告する	56、60、152
報告・連絡・相談	56、60、152

ま

負けても怒らない	54、70
負けても怒らないかるた	54
まちがい探し	38
待つ	38、40、42、44、54、56
マナーを知る	156、158
周りに合わせる	48、56、64、80、98、102、104
身だしなみ	158
見る	38、40、42、44、50、52、54
見る修行	44
見通しをつける	152
みんなの意見deそれ正解！	104
めざせ！　タイムマスター	152
めざせ！　持ち物マスター	148
物を大切にする	148

や

役割分担	60
やりスギちゃんを探せ	98
やり直す	56
よ〜く聞いて答えよう	42
よく聞くかるた	40

ら

ランキングトーク（気持ちバージョン）	84
ルールに従う	156
ルール理解	94、146、156
ルールを守る	44、54、60、92、146
連絡帳の活用法	164
連絡帳を活用するメリット	164

わ

わかりやすく伝える	78

●監修者

上野一彦（うえの・かずひこ）

東京大学教育学部卒業。同大学院を修了後、東京大学助手、東京学芸大学教授を経て、現在、東京学芸大学名誉教授。学校法人旭出学園理事長。LD教育の必要性を説き、支援教育を実践するとともに啓発活動を行う。1990年に全国LD親の会、1992年に日本LD学会の設立にかかわる。文部科学省「特別支援教育の在り方に関する調査研究」などの協力者会議委員や、東京都「心身障害教育改善検討委員会」委員長、日本LD学会理事長を歴任。特別支援教育士スーパーバイザー。著書に『LDとADHD』『LDとディスレクシア』『LD教授（パパ）の贈り物　ふつうであるよりも個性的に生きたいあなたへ』『LDのすべてがわかる本』（以上講談社）『図解よくわかるLD』『はじめに読むLDの本』（以上ナツメ社）など多数ある。著者ブログ　http://www.u-kaz.com/

●編著者

岡田　智（おかだ・さとし）

東京学芸大学教育学部卒業。同大学院を修了後、ながやまメンタルクリニック心理士、東京都公立教育相談室教育相談員、YMCA東陽町センター講師、共立女子大学家政学部児童学科専任講師などを経て、現在、北海道大学教育学研究院附属子ども発達臨床研究センター准教授。臨床心理士、特別支援教育士スーパーバイザー。専門は発達障害の子どもの心理アセスメント、ソーシャルスキルトレーニング。著書に『特別支援教育実践ソーシャルスキルマニュアル』『特別支援教育ソーシャルスキル実践集』（以上明治図書）『発達障害における精神科的な問題』『自閉症スペクトラム障害の社会的認知と行動』（以上日本文化科学社）などがある。

●著者

中村敏秀（なかむら・としひで）

東京都あきる野市立増戸小学校通級指導学級主幹教諭。

森村美和子（もりむら・みわこ）

東京都狛江市立緑野小学校通級指導学級主任教諭。

岡田克己（おかだ・かつみ）

神奈川県横浜市立左近山小学校通級指導教室教諭。

山下公司（やました・こおじ）

北海道札幌市立南月寒小学校通級指導教室教諭。

本書に関するお問い合わせは、書名・発行日・該当ページを明記の上、下記のいずれかの方法にてお送りください。電話でのお問い合わせはお受けしておりません。
・ナツメ社webサイトの問い合わせフォーム
https://www.natsume.co.jp/contact
・FAX（03-3291-1305）
・郵送（下記、ナツメ出版企画株式会社宛て）
なお、回答までに日にちをいただく場合があります。正誤のお問い合わせ以外の書籍内容に関する解説・個別の相談は行っておりません。あらかじめご了承ください。

ナツメ社Webサイト
https://www.natsume.co.jp
書籍の最新情報（正誤情報を含む）はナツメ社Webサイトをご覧ください。

CD-ROM付（つ）き　特別支援教育（とくべつしえんきょういく）をサポートする
ソーシャルスキルトレーニング（SST）実践教材集（じっせんきょうざいしゅう）

2014年9月1日　初版発行
2024年10月20日　第16刷発行

監修者　上野一彦（うえのかずひこ）
編著者　岡田　智（おかださとし）
著　者　中村敏秀（なかむらとしひで）
森村美和子（もりむらみわこ）
岡田克己（おかだかつみ）
山下公司（やましたこおじ）
発行者　田村正隆

Ueno Kazuhiko, 2014
©Okada Satoshi, 2014
©Nakamura Toshihide, 2014
©Morimura Miwako, 2014
©Okada Katsumi, 2014
©Yamashita Koji, 2014

発行所　株式会社ナツメ社
東京都千代田区神田神保町1－52　ナツメ社ビル1F（〒101－0051）
電話　03（3291）1257（代表）　FAX　03（3291）5761
振替　00130－1－58661
制　作　ナツメ出版企画株式会社
東京都千代田区神田神保町1－52　ナツメ社ビル3F（〒101－0051）
電話　03（3295）3921（代表）
印刷所　TOPPANクロレ株式会社

ISBN978-4-8163-5694-0　Printed in Japan
〈価格はカバーに表示してあります〉〈落丁・乱丁本はお取り替えします〉